HERBERT BARTSCH

DAS AKTUELLE ERBRECHT

HERBERT BARTSCH

DAS AKTUELLE

ERBRECHT

Vorsorge · Steuern · Ansprüche

WALHALLA

BERLIN·BONN·REGENSBURG

Die Deutsche Bibliothek – CIP-Einheitsaufnahme

Bartsch, Herbert:
Das aktuelle Erbrecht : Vorsorge – Steuern – Ansprüche /
Herbert Bartsch. – 3., aktualisierte Aufl. –
Berlin ; Bonn ; Regensburg : Walhalla, 1995
  (Ratgeber Recht & Wirtschaft)
  ISBN 3-8029-3523-3

Zitiervorschlag:
H. Bartsch, Das aktuelle Erbrecht, 3. Aufl.,
Berlin, Bonn, Regensburg 1995

Hinweis: Unsere Ratgeber sind stets bemüht, Sie nach bestem Wissen zu informieren.
Verbindliche Rechtsauskünfte holen Sie im Zweifelsfall bei Ihrem Rechtsanwalt ein.

Stand: März 1995
3., aktualisierte Auflage

Teil I
Grundsätze des Erbrechts –
Was Sie wissen müssen

Schnellübersicht

Schnellübersicht

Teil II
Ihre Lebenssituation –
Was Sie tun können

Vorwort zur 3. Auflage

Fachleute erwarten, daß innerhalb der nächsten zehn Jahre rund zwei Billionen Mark vererbt werden, eine kaum noch vorstellbare Summe. Es ist deshalb kein Wunder, daß das Erbrecht, das jahrzehntelang als eine Spielwiese für einige wenige Experten galt, inzwischen allgemeines Interesse findet. Noch nie war es so wichtig, Bescheid zu wissen, um vorzusorgen und die richtigen Schritte zu tun. Hinzu kommt, daß Deutschland zusammenwächst und daß dazu zwei Rechtsordnungen, die erhebliche Unterschiede aufweisen, zur Deckung gebracht werden müssen. Derzeit versucht die Rechtsprechung, die Bruchstellen, die es zwischen West und Ost gibt, wenigstens abzumildern. Diese Entwicklung, die voll im Fluß ist, wurde berücksichtigt.

Die 1. und 2. Auflage dieses Buches waren jeweils nach wenigen Monaten vergriffen. In der Neuauflage ist der Grundgedanke der Darstellung beibehalten worden. Nach wie vor werden die Einzelheiten entwickelt aus den typischen familiären Konstellationen. Dies soll dem Leser die Möglichkeit geben, umgehend Antworten auf die Fragen zu finden, die ihn besonders interessieren.

Mainz   *Herbert Bartsch*

Einführung

Nein, nicht noch ein Buch, in dem Ihnen die Grundsätze des Erbrechts erläutert werden! Das haben Sie längst gekauft — und vielleicht auch gelesen. Keine leichte Lektüre für einen Nichtjuristen, zumal das Erbrecht zu den schwierigsten Bereichen unseres Zivilrechts zählt. In diesem Büchlein versuchen wir es einmal anders und gehen von Ihrer Lebenssituation (verheiratet, mit oder ohne Kinder, alleinstehend, als Partner einer nichtehelichen Lebensgemeinschaft) aus.

Wir versuchen aufzuzeigen, welche Konsequenzen diese Lebenssituation hat, wenn Sie nichts tun und so die gesetzliche Erbfolge eintreten lassen, und welche Möglichkeiten Sie haben, diese Konsequenzen mit welchem Ergebnis zu vermeiden. Das alles finden Sie insbesondere in den Kapiteln 5 bis 9. In den Kapiteln davor werden einige Grundsätze unseres Erbrechts dargestellt, ohne die man die letzten Kapitel nicht verstehen kann. Das ist keine vollständige Darstellung und kann es auch nicht sein; sie kann nur einen Überblick über die Problematik geben, sollte Sie aber in die Lage versetzen, Ihre rechtliche Situation im Erbfall richtig einzuschätzen. Wenn es um schwierige Einzelpunkte geht, wenn größere Vermögen zu vererben sind oder wenn Sie sich — aus welchen Gründen auch immer — in einer ungewöhnlichen familiären Situation befinden, dann müssen Sie ohnehin ergänzenden Rat einholen. In einem solchen Fall sollten Sie die damit zugegebenermaßen verbundenen Kosten nicht scheuen: Ein verunglücktes Testament ist viel teurer, denn es beschäftigt Anwälte und Gerichte und entzweit die Familie.

Unser Erbrecht ist einerseits recht streng, läßt aber andererseits dem Bürger nahezu jede Freiheit, die Rechtsfolgen für seinen Fall ganz nach eigenen Vorstellungen zu gestalten. Wenn Sie nichts tun, dann entscheidet im Todesfall das gesetzliche Erbrecht. Dann schreibt das Bürgerliche Gesetzbuch (BGB) vor, welchen Weg Ihr Nachlaß nimmt und welche Folgen das hat. Das kann durchaus in Ihrem Sinne sein – nur sollten Sie die Einzelheiten kennen.

Das gesetzliche Erbrecht gilt, soweit Sie nicht durch Testament oder Erbvertrag anderes bestimmen. Sie haben es also in der Hand, durch „letztwillige Verfügungen" andere Ergebnisse durchzusetzen. Vererbt wird, was zum Nachlaß gehört. Das sollten insbesondere Ehegatten bedenken, die vermeiden wollen, daß der Überlebende von ihnen dem vorzeitigen, übermäßigen Zugriff der Kinder ausgesetzt wird.

Noch etwas: Ohne gewisse Grundbegriffe kommt man in einer so komplizierten Materie nicht aus. Für den Juristen sind solche Begriffe wie Erblasser, Pflichtteil, Nachlaß, letztwillige Verfügung unentbehrlich, weil sie einen bestimmten Sachverhalt präzise und nachvollziehbar umschreiben. Dem Nichtjuristen ist es überaus lästig, sich mit diesen Vokabeln vertraut machen zu müssen. In diesem Büchlein haben wir versucht, den Gebrauch dieser Begriffe soweit wie möglich einzuschränken; völlig auf sie zu verzichten aber ist beim besten Willen nicht möglich. Die wichtigsten von ihnen sind im Vorspann aufgeführt und kurz erläutert.

Wichtig: Das Erbrecht des Bürgerlichen Gesetzbuches gilt seit der Vereinigung beider deutscher Staaten auch in den neuen Ländern. Dem Grunde nach gelten alle folgenden Erläuterungen also uneingeschränkt auch für den Osten Deutschlands. Allerdings gibt es einige Übergangsvorschriften, durch die beispielsweise verhindert werden soll, daß sich die rechtliche Situation bestimmter Personengruppen in den neuen Ländern durch die Vereinigung verschlechtert. Solche Abweichungen werden am Ende der einzelnen Kapitel gesondert dargestellt.

Wichtige Begriffe

Abkömmlinge sind Kinder und Kindeskinder (Enkel, Urenkel usw.), die direkten Nachkommen.

Auseinandersetzung im erbrechtlichen Sinne ist die Verteilung des Nachlasses unter den Begünstigten.

Ausschlagung ist die Erklärung eines Erben oder Vermächtnisnehmers, daß er das ihm Zugewandte nicht annimmt.

Erbe ist, wer das Vermögen des Verstorbenen erhält, als Allein- oder Miterbe.

Erblasser ist der Verstorbene. Der Ausdruck wird auch gebraucht für eine Person, die ein Testament errichtet.

Erbschaft ist der gesamte Nachlaß mit Aktiven und Passiven.

Erbschein ist eine Urkunde, die das Nachlaßgericht ausstellt und durch die die Person des Erben und sein Erbrecht ausgewiesen werden.

Letztwillige Verfügung ist die Anordnung eines Menschen, was mit seinem Vermögen nach seinem Tod geschehen soll. Zu den letztwilligen Verfügungen zählt hier auch der Erbvertrag.

Nachlaß ist das gesamte Vermögen, das mit dem Tod des Erblassers übergeht. Der Ausdruck ist hier identisch mit ,,Erbschaft''.

Pflichtteil ist der Mindestanteil an der Erbschaft, der bestimmten nahen Angehörigen des Erblassers (Abkömmlinge, Eltern, Ehegatte) in jedem Fall verbleiben muß.

Testierender ist ein Mensch, der ein Testament ,,errichtet'', es schreibt.

TEIL I

Grundsätze des Erbrechts

Was Sie wissen müssen

Ihre Rechte bei gesetzlicher Erbfolge

1

Das gesetzliche Erbrecht der Verwandten

Wenn der Verstorbene weder ein Testament noch einen Erbvertrag hinterlassen hat, so gilt das gesetzliche Erbrecht. Es
wird von dem Grundsatz beherrscht, daß Blut ein besonde-
rer Saft ist. Es hält den Nachlaß in der Familie und begünstigt einseitig die Blutsverwandten.

Entscheidend ist die verwandtschaftliche Nähe zum Verstorbenen, wobei der nähere Verwandte den entfernteren ausschließt. Dabei gilt meist ein Alles-oder-Nichts-Prinzip: Wer
näher dran ist, bekommt alles, der entferntere Verwandte bekommt nichts.

Das Gesetz teilt ein in Verwandte der ersten, zweiten, dritten
und vierten *Ordnung*. Ein Verwandter der ersten Ordnung
schließt alle Verwandten der zweiten und entfernterer Ordnungen vollständig von der Erbschaft aus, ein Verwandter
der zweiten Ordnung schließt die Verwandten der dritten Ordnung aus und so fort. Die Frage, die Sie sich stellen müssen:
Wollen Sie, daß bei Ihrem Tod Ihr gesamtes Vermögen an
den Bruder geht und Ihr Großneffe nichts erhält (Sie sind
kinderlos)? Wenn Sie *verteilen* möchten, müssen Sie ein Testament machen.

● Gesetzliche Erben der *ersten Ordnung* sind Ihre Abkömmlinge.
● Gesetzliche Erben der *zweiten Ordnung* sind Ihre Eltern
  und deren Abkömmlinge (also Ihre Schwestern und Brüder, Neffen und Nichten).

- Gesetzliche Erben der *dritten Ordnung* sind Ihre Großeltern und deren Abkömmlinge (also Ihre Tanten und Onkel, Basen und Vettern).
- Gesetzliche Erben der *vierten Ordnung* sind alle weiteren Verwandten, die von den gleichen Urgroßeltern wie Sie abstammen.
- Gesetzliche Erben der *fünften Ordnung* und der entfernteren Ordnungen sind Personen, die noch weiter entfernte Voreltern mit Ihnen gemeinsam haben.

Spätestens bei der dritten oder einer entfernteren Ordnung wird die Ermittlung der Erben zu einer überaus schwierigen Aufgabe, bei deren Lösung das zuständige Nachlaßgericht tief in Ihre Familiengeschichte einsteigen müßte. In vielen Fällen wird es einen Nachlaßpfleger einsetzen müssen, dessen Aufgabe es ist herauszufinden, wer als Erbe in Betracht kommt. Es soll schon Mitbürger geben, die mit der Erbenermittlung ihren Lebensunterhalt verdienen. Wenn Sie ein hübsches Sümmchen hinterlassen sollten, so wird es Streit geben.

Deshalb gilt:
Wer keine Abkömmlinge hinterläßt (Kinder, Enkel etc.), sollte unbedingt ein Testament machen!

Auch innerhalb einer Ordnung schließt der nähere Verwandte den entfernteren aus. Gibt es gleichnahe Verwandte aus der gleichen Ordnung, so erben sie zu gleichen Teilen. Deshalb wird der Nachlaß unter Kindern gleichmäßig aufgeteilt. Wenn Sie das nicht wollen, weil beispielsweise ein Kind schon zu Ihren Lebzeiten erheblich begünstigt worden ist, so müssen Sie ein Testament hinterlassen!

Innerhalb einer Ordnung unterscheidet das gesetzliche Erbrecht nach ,,Stämmen". Jeder Abkömmling begründet einen Stamm. Auch innerhalb eines Stammes gilt, daß der nähere Verwandte den entfernteren ausschließt. Deshalb schließt Ihr Kind Ihre Enkel von der Erbschaft aus. Man nennt dies das Repräsentationsprinzip (der jeweils nächste Angehörige des Erblassers ,,repräsentiert" seinen Stamm).

Beispiel:

Die Witwe Wanninger hatte ursprünglich drei Kinder, Kuno, Kirsten und Kurt. Kuno hat Frau Wanninger schon zu ihren Lebzeiten begraben. Er hinterläßt zwei Kinder, nämlich Edeltraut und Erich. Kirsten ist kinderlos verheiratet. Kurt hat ein Kind, den minderjährigen Ernst.

Wenn Frau Wanninger die Erbfolge durch Testament oder Erbvertrag nicht anderweitig geregelt hat, so erben ihre drei Kinder (Stämme), Kuno, Kirsten und Kurt jeweils ein Drittel. Da Kuno verstorben ist, geht sein Drittel an seine beiden Kinder zu gleichen Teilen. Edeltraut und Erich erhalten je ein Sechstel. Der kleine Ernst geht leer aus, weil sein Vater Kurt ihn von der Erbschaft ausschließt.

Dieses Ergebnis gilt übrigens auch, wenn die Kinder aus verschiedenen Ehen stammen oder wenn eines der Kinder nicht-ehelich ist (siehe aber ,,Das gesetzliche Erbrecht des nicht-ehelichen Kindes'', Seite 24 ff.).

Wenn der Verstorbene Abkömmlinge hinterläßt, so macht das gesetzliche Erbrecht weniger Schwierigkeiten. Fehlen diese, so beginnt das Rätseln und Rechnen.

Beispiel:

Ursula ist bei einem Unfall in mittleren Jahren verunglückt. Sie ist unverheiratet, hat keine Abkömmlinge, hinterläßt einiges Vermögen und hat – leider – kein Testament gemacht. Wer erbt?

Variante 1:
Ursulas Mutter lebt, ihr Vater ist verstorben. Ursula hat außerdem einen Bruder Berthold.

Ergebnis:
Erben der ersten Ordnung (Kinder oder Kindeskinder) gibt
es nicht. Erben der zweiten Ordnung sind Ursulas Eltern und
deren Abkömmlinge zu gleichen Teilen. Vater und Mutter
bekämen deshalb je die Hälfte. Da der Vater verstorben ist,
geht seine Hälfte an seinen Abkömmling, den Bruder Berthold. Mutter und Berthold teilen sich die Erbschaft.

Variante 2:
Ursulas Eltern sind beide verstorben. Ursula hatte ursprünglich zwei Geschwister, Berthold und Sigrid. Sigrid ist verstorben und hat ein Kind, Ursulas Neffen Nikolaus, hinterlassen.

Ergebnis:
Die Erbschaft geht an die beiden gleichberechtigten Stämme
Berthold und Sigrid zu gleichen Teilen. Sigrids Hälfte erhält
Nikolaus.

Variante 3:
Ursula war einziges Kind. Ihre Eltern sind verstorben, auch
Halbgeschwister gibt es nicht. Ursula hatte einen Onkel Otto,
der verstorben ist und Ursulas Basen Berta und Brigitte hin-
terlassen hat. Außerdem gibt es noch Ursulas Tante Thea mit
Sohn (Ursulas Vetter Valentin) und Tante Traute.

Ergebnis:
Es gibt keine Verwandten der ersten oder zweiten Ordnung.
Gleichnahe Verwandte der dritten Ordnung wären Otto, Thea
und Traute. Jeder Stamm würde ein Drittel erhalten. Da Otto
verstorben ist, wird sein Drittel unter Berta und Brigitte aufgeteilt. Valentin wird durch seine Mutter Thea von der Erbschaft ausgeschlossen. Thea und Traute erhalten je ein Drittel, Berta und Brigitte je ein Sechstel.

Merke:
Nicht zu den Verwandten, die durch das gesetzliche Erbrecht
begünstigt werden, gehören Angeheiratete (Schwiegersohn

und -tochter, Schwiegereltern, Schwager und Schwägerin sowie deren Verwandte), Stief- und Pflegekinder und der *nichteheliche Lebensgefährte*.

Das gesetzliche Erbrecht des Ehegatten

Ansonsten hat nur der Ehegatte ein gesetzliches Erbrecht. Wie es ausgestaltet ist, hängt davon ab, welche sonstigen erbberechtigten Verwandten es gibt. Die Höhe des Ehegatten-Erbteils ist zudem abhängig vom *Güterstand*, in dem die Ehegatten gelebt haben.

Grundsatz:
Neben Abkömmlingen des Verstorbenen (Kindern und Kindeskindern) erbt der überlebende Ehegatte, wenn kein Testament existiert (!), zu einem Viertel, neben Verwandten der zweiten Ordnung (Eltern, Geschwister, Neffen, Nichten) oder neben den Großeltern zur Hälfte. Gibt es keine Verwandten der ersten oder zweiten Ordnung und auch keine Großeltern, dann, aber auch nur dann, erbt der überlebende Ehegatte als gesetzlicher Erbe *allein*.

Der Einfluß des Güterstands auf die Erbquote

Die Erbteile erhöhen sich, wenn die Eheleute im gesetzlichen Güterstand der *Zugewinngemeinschaft* gelebt haben. Dieser Güterstand gilt für jedes Ehepaar, soweit es nicht ausdrücklich – durch notariellen Vertrag – *Gütertrennung* oder *Gütergemeinschaft* vereinbart hat. In den alten Bundesländern leben heute wahrscheinlich 95 und mehr Prozent aller Eheleute in der Zugewinngemeinschaft (neue Bundesländer siehe unten). Gütertrennung und Gütergemeinschaft sind selten geworden.

Die Zugewinngemeinschaft

Über die Zugewinngemeinschaft gibt es viele falsche Vorstellungen. Sie müßte eigentlich richtiger heißen: ,,Gütertrennung mit Ausgleichsanspruch", denn während des Bestehens der Ehe bleibt jeder Ehegatte alleiniger Eigentümer seines in die Ehe eingebrachten oder während der Ehe erworbenen Vermögens. Er haftet nicht für die Schulden des anderen Ehegatten.

Unser Recht unterstellt, daß sich jeder Ehegatte nach Kräften bemüht, sein Vermögen zu mehren. Erst wenn die Ehe aufgelöst wird, durch Tod oder Scheidung, hat ein Zugewinnausgleich stattzufinden. Dann wird verglichen, welches Vermögen der eine und der andere Ehegatte bei Beginn des Güterstandes, also bei der Heirat, hatte und wieviel daraus inzwischen geworden ist. Derjenige Ehegatte, der den größeren Zugewinn erzielt hat, muß die Hälfte des ,,Mehr" an den anderen Gatten herausgeben. Das soll vor allem den Frauen zugute kommen, die durch Kindergeburt und -erziehung sowie die Haushaltsführung oftmals daran gehindert waren, einer Berufstätigkeit ständig nachzugehen. Sie nehmen über den Zugewinn am Erwerb des Mannes während der Ehe teil. Aber natürlich kann es auch anders herum kommen, was angesichts der immer besseren Ausbildung und beruflichen Stellung der Frauen häufiger wird. Beim Ausgleich wird nicht danach gefragt, ob und inwieweit der Zugewinn auf die Tüchtigkeit des einen oder des anderen Ehegatten zurückgeht, was auch nachträglich gar nicht mehr feststellbar wäre.

Wie wird der Vermögenszuwachs, den ein Ehegatte erzielt hat, errechnet?

Dazu muß sein ,,Anfangsvermögen" bei der Heirat dem ,,Endvermögen" bei der Scheidung oder beim Tod gegenübergestellt werden. Nicht mitgezählt werden solche Vermögenswerte, die ererbt oder durch Schenkung erworben wurden.

19

Der pauschale Zugewinnausgleich

Es versteht sich von selbst, daß es erhebliche Schwierigkeiten machen kann, nach 30 Jahren Ehe das „Anfangsvermögen" festzustellen. Bei der Scheidung gibt es darüber viel Streit.

Im Erbrecht soll das vermieden werden. Dort braucht der überlebende Ehegatte überhaupt nicht zu rechnen, er kann vielmehr den *pauschalen Zugewinnausgleich* verlangen. Dann wird sein *Erbteil um ein Viertel erhöht*. Neben den Kindern erhält der überlebende Ehegatte, der im gesetzlichen Güterstand der Zugewinngemeinschaft lebte, im allgemeinen die Hälfte des Nachlasses, neben Verwandten der zweiten Ordnung drei Viertel. Dabei ist es übrigens ganz gleich, ob der verstorbene Gatte überhaupt einen Zugewinn erzielt hatte.

Beispiel:

Das Ehepaar Ernst und Erika, das im gesetzlichen Güterstand lebte, ist kinderlos geblieben. Ernst stirbt, ohne ein Testament zu hinterlassen.

Variante 1:
Ernst hat noch eine Schwester, Stella. Hoffentlich hat er nicht geglaubt, seine Ehefrau werde Alleinerbin. Tatsächlich erhalten Erika drei Viertel und Stella ein Viertel der Erbschaft.

Variante 2:
Ernst hat aus erster Ehe einen Sohn, Stefan. In diesem Fall müßten sich Erika und Stefan die Erbschaft teilen.

***Alternative:* Den Zugewinn berechnen.**

Sie brauchen diesen Weg aber nicht zu gehen, sondern können statt dessen als überlebender Ehegatte auf exakter Berechnung des Zugewinnausgleichs bestehen. Sie haben also die Wahl. Wenn der Zugewinn des verstorbenen Ehegatten während der Ehe verhältnismäßig hoch und Ihrer gering war, dann können Sie die Erbschaft ausschlagen, Ihren Pflichtteil verlangen und auf Berechnung des genauen Zugewinns bestehen. Ein Plus kann bei dieser Lösung im allgemeinen nur herauskommen, wenn Sie neben Abkömmlingen erben. Bevor Sie die Ausschlagung erklären und auf Berechnung des Zugewinnausgleichs bestehen, sollten Sie unbedingt sachkundigen Rat einholen, denn diese Lösung hat auch Nachteile. Wenn Sie die Erbschaft ausschlagen, sind Sie nicht Erbe, sondern haben lediglich einen Zahlungsanspruch gegen den oder die Erben. Sie sind deshalb nicht an der Verwaltung des Nachlasses beteiligt und müssen die Verteilung anderen überlassen.

Andererseits haften Sie auch nicht für die Nachlaßschulden. Es gilt also, Vor- und Nachteile abzuwägen.

Die Erbquote bei Gütertrennung

Haben Sie durch notariellen Vertrag mit Ihrem Gatten Gütertrennung vereinbart, so erhalten Sie beim Tod des Ehegatten nur die gesetzlich festgelegte Quote, das heißt, neben Verwandten der ersten Ordnung ein Viertel, neben Verwandten der zweiten Ordnung und den Großeltern die Hälfte. Gibt es solche Verwandte nicht, so werden Sie Alleinerbe.

Eine Besonderheit gilt, wenn der überlebende Ehegatte bei Gütertrennung neben einem oder zwei Kindern erbt. In diesem Fall wird die Quote des Ehegatten erhöht, und zwar auf die Hälfte neben einem Kind, auf ein Drittel neben zwei Kindern. Sind mehr Kinder vorhanden, so bleibt es bei einem Viertel für den Ehegatten.

Die Erbquote bei Gütergemeinschaft

Wenn Sie beim Notar Gütergemeinschaft vereinbart haben, so gehören Ihnen und Ihrem Gatten je die Hälfte des Gesamtgutes. Meist ist vertraglich festgelegt, daß die Gütergemeinschaft durch den Tod eines Gatten nicht aufgelöst, sondern mit den gemeinschaftlichen Kindern fortgesetzt werden soll. Nur die Hälfte des Vermögens des verstorbenen Gatten gehört zum Nachlaß. Hiervon steht Ihnen als gesetzlicher Erbe ein Viertel zu. Gibt es nicht mehr als zwei gemeinschaftliche Kinder, die neben Ihnen erben, so steht Ihnen die Hälfte (bei einem Kind) oder ein Drittel (bei zwei Kindern) zu.

Der Haushalt bleibt beim überlebenden Ehegatten

Der Ehegatte, der gesetzlicher Erbe wird, hat auch Anspruch auf den ,,Voraus", das sind vor allem die zum Haushalt gehörenden Gegenstände, wie Möbel, Teppiche, Bücher, Schallplatten und Haushaltsgeräte. Auch die Hochzeitsgeschenke gehören dazu. Das gilt jedenfalls, soweit Sie gesetzlicher Erbe neben Verwandten der zweiten Ordnung oder den Großeltern werden. Wenn Sie dagegen gesetzlicher Erbe neben Abkömmlingen werden, so stehen Ihnen die Gegenstände des Haushalts nur insoweit zu, wie Sie sie zur Führung Ihres angemessenen Haushalts benötigen. Wenn Sie aufgrund eines Testaments erben, gibt es keinen Anspruch auf den ,,Voraus".

Erbschaft trotz Scheidung?

Der *geschiedene* Ehegatte hat kein Erbrecht. Mit der Rechtskraft der Scheidung werden auch die erbrechtlichen Verbindungen zwischen den Eheleuten gekappt (die Kinder bleiben selbstverständlich erbberechtigt!).

Aber auch schon *vor* der Scheidung kann das gesetzliche Erbrecht ausgeschlossen sein, wenn zum Todeszeitpunkt die Voraussetzungen für eine Scheidung vorgelegen haben und der Verstorbene die Scheidung beantragt oder ihr zugestimmt hatte. Die Scheidungsvoraussetzungen können hier nicht dargestellt werden; nur soviel: im allgemeinen verlangt unser Scheidungsrecht eine Trennungsfrist von einem Jahr.

Das Güterrecht in den neuen Bundesländern

Wenn Sie in den neuen Bundesländern wohnen und Ihre Ehe *nach* dem 2. Oktober 1990 geschlossen worden ist, zu einem Zeitpunkt also, zu dem die Vereinigung bereits vollzogen war, so leben Sie im gesetzlichen Güterstand der Zugewinngemeinschaft, sofern Sie nicht Gütertrennung oder Gütergemeinschaft vereinbart haben. Es gilt also für Sie nichts Besonderes.

Bestand die Ehe aber am 3. Oktober 1990 bereits, so haben Sie im gesetzlichen Güterstand der ,,Errungenschaftsgemeinschaft'' nach dem Zivilgesetzbuch (ZGB) der ehemaligen DDR gelebt. Dann ist Ihre Ehe am Vereinigungstag per Gesetz in die Zugewinngemeinschaft überführt worden. Allerdings konnten Sie bis zum 2. Oktober 1992 erklären, daß Sie die Zugewinngemeinschaft ausschließen wollten. Diese Erklärung konnte jeder Ehegatte in notarieller Form beim Kreisgericht vorlegen.

Haben Sie (oder Ihr Ehegatte) keine solche Erklärung abgegeben, so leben Sie jetzt im gesetzlichen Güterstand der Zugewinngemeinschaft. Das zum 3. Oktober 1990 vorhandene Vermögen wird Anfangsvermögen. Soweit es aus der Vergangenheit gemeinschaftliches Vermögen gab, wird es aufgeteilt und ebenfalls, je zur Hälfte, dem Anfangsvermögen zugeschlagen. Bei einer künftigen Auflösung der Ehe durch Scheidung oder Tod gelten dann keine Besonderheiten mehr.

Bei Ehen, die *vor* dem 3. Oktober 1990 in der ehemaligen DDR rechtskräftig geschieden worden sind, bleibt es bei der Geltung des früheren Rechts.

Das gesetzliche Erbrecht des nichtehelichen Kindes

Nun kommt ein Kapitel zum Schmunzeln, denn was sich unser Gesetzgeber beim Erbrecht des nichtehelichen Kindes leistet, kommt einer Farce ziemlich nahe.

Sie sind Vater eines nichtehelichen Kindes, das 45 Jahre oder älter ist. Weder sind Sie mit dem Kind noch ist das Kind mit Ihnen verwandt – sagt unser Gesetz. Wenn Ihr nichteheliches Kind allerdings gerade erst 40 Jahre alt geworden ist, dann ist es zwar mit Ihnen verwandt, aber gleichgestellt mit ehelichen Kindern ist es dennoch nicht. Das Bundesverfassungsgericht hat diese skurrilen Einfälle des Gesetzgebers abgesegnet.

Wenn Sie vor dem 3. Oktober 1990 auf dem Gebiet der früheren DDR gelebt haben, dann ist Ihr nichteheliches Kind den ehelichen Kindern gleichgestellt. Es sei denn, das Kind ist erst nach dem 2. Oktober 1990 geboren worden.

Ganz ernsthaft und der Reihe nach:

Zwischen *Mutter* und nichtehelichem Kind gibt es keine Probleme. Es besteht ein wechselseitiges Erbrecht, das sich von dem des ehelichen Kindes nicht unterscheidet.

Zwischen *Vater* und nichtehelichem Kind hat das Erbrecht der Bundesrepublik früher jegliche Verwandtschaft geleugnet, erst seit dem Jahre 1969 wird sie anerkannt. Die daraus resultierenden Rechtsfolgen hat das Erbrecht allenfalls teilweise gezogen. Es gilt:

24

1. Ist das nichteheliche Kind *vor* dem 1. Juli 1949 geboren, hat es *keinerlei Erbrechte* gegenüber seinem Vater. Umgekehrt stehen auch dem Vater keine Erbrechte beim Tod des nichtehelichen Kindes zu.

2. Ist das nichteheliche Kind *nach* dem 30. Juni 1949 geboren worden, dann bestehen wechselseitig *volle Erbrechte* wie bei ehelichen Kindern.

   Davon gibt es aber eine wichtige *Ausnahme:*
   Sind beim Tod des Vaters ein Ehegatte und/oder eheliche Kinder vorhanden, so hat das nichteheliche Kind den gleichen Anspruch wie ein eheliches Kind. Das nichteheliche Kind ist aber von der Verwaltung des Nachlasses ausgeschlossen. Der Grund für diese seltsame Konstellation: Der Gesetzgeber wollte den ehelichen Hinterbliebenen die Peinlichkeit ersparen, sich mit dem nichtehelichen Kind gemeinsam um den Nachlaß kümmern zu müssen.

3. Bei nichtehelichen Vätern, die bis zur Vereinigung in der ehemaligen DDR gelebt haben, sind die ehelichen und nichtehelichen Kinder gleichgestellt. Der Grund dafür: In der ehemaligen DDR war die vollständige Gleichstellung der ehelichen und nichtehelichen Kinder seit langem Gesetz. Die Kinder sollten durch die Vereinigung nicht schlechter gestellt werden. Für nichteheliche Kinder, die *nach* dem 2. Oktober 1990 in den neuen Bundesländern geboren wurden, gilt das allgemeine Recht (siehe oben 2.).

Diese Regelungen bringen viele Schwierigkeiten im Einzelfall mit sich, zumal inzwischen vollständige Freizügigkeit in Deutschland eingetreten ist. Faustregel: Es kommt auf den letzten Wohnsitz des Erblassers an, meist also des nichtehelichen Vaters. Ist er vor dem 3. Oktober 1990 verstorben und hatte er seinen letzten Wohnsitz im Gebiet der ehemaligen DDR, dann ist das nichteheliche Kind, unabhängig von seinem Geburtstag, voll erbberechtigt. Das gilt auch, wenn das nichteheliche Kind in den alten Bundesländern wohnte. Andererseits hat das nichteheliche Kind Anspruch auf den vorzeitigen Erbausgleich nur, wenn der nichteheliche Vater vor dem 3. Oktober 1990 in die alten Bundesländer umgezogen ist.

Es gibt Bestrebungen in ganz Deutschland nichteheliche Kinder den ehelichen gleichzustellen. Ein Gesetzentwurf liegt vor; ob er verwirklicht wird, ist völlig offen.

Der vorzeitige Erbausgleich

In einem Punkt wird das nichteheliche Kind besser behandelt als das eheliche. Es kann, wenn es zwischen 21 und 26 Jahren alt ist, von seinem Vater einen ,,vorzeitigen Erbausgleich'' verlangen. Damit soll dem nichtehelichen Kind der Start ins eigenverantwortliche Leben erleichtert werden. Die Höhe des vorzeitigen Ausgleichs richtet sich nach dem monatlichen Unterhalt, den der Vater dem nichtehelichen Kind schuldete. Dem Kind stehen *drei Jahresbeträge* zu. Ob dies ein ,,Geschäft'' ist, darf bezweifelt werden.

Beispiel:

Der Vater hat monatlich 1000 DM an Unterhalt bezahlt. Bei vorzeitigem Erbausgleich hätte das nichteheliche Kind somit einen Anspruch auf 36 000 DM.

In einer neueren Entscheidung hat der Bundesgerichtshof die Ansicht vertreten, daß auch das Vermögen des Vaters eine Rolle spielen kann. Bei der Bemessung des vorzeitigen Erbausgleichs müsse eine vernünftige Relation zum Erbersatzanspruch oder mindestens zum Pflichtteil des nichtehelichen Kindes hergestellt werden.

Wenn das Kind den vorzeitigen Ausgleich geltend gemacht hat, verliert es damit alle Erbansprüche gegenüber dem nichtehelichen Vater. Die erbrechtlichen Bindungen zwischen Vater und nichtehelichem Kind werden gekappt. Wenn Sie nichteheliches Kind sind, überlegen Sie gut, ob sich der vorzeitige Ausgleich für Sie lohnt! Übrigens ist der Vater nicht berechtigt, das nichteheliche Kind von sich aus durch den vorzeitigen Erbausgleich „abzufinden". Nur ein Antrag des nichtehelichen Kindes führt die genannten Rechtsfolgen herbei.

Achtung:
Dem Bundestag lag schon in der letzten Legislaturperiode ein Gesetzentwurf der Bundesregierung vor, wonach es künftig keine Sonderregelungen für nichteheliche Kinder mehr geben soll (BT-Drucksache 12/7819). Ob es zu diesen Korrekturen des Gesetzes kommt, ist derzeit zweifelhaft.

Der Erbverzicht

Ein *gesetzlicher* Erbe kann durch Vertrag mit dem Erblasser auf sein Erbrecht verzichten. Wenn Sie ein Kind zu Lebzeiten großzügig bedacht haben, so daß die Geschwister neidisch geworden sind, so liegt ein förmlicher Erbverzicht des begünstigten Kindes nahe. Der Volksmund spricht davon, daß sich ein Erbe „auszahlen" läßt.

Ein Erbverzicht muß vor dem Notar erklärt werden. Das ist eine weitreichende Erklärung, zumal damit im allgemeinen auch die Pflichtteilsansprüche ausgeschlossen werden. Diese Erklärung betrifft nicht nur den Verzichtenden selbst, sondern auch seine Abkömmlinge.

Beispiel:

Der verwitwete Vater Veit hat zwei Kinder, Kai und Karin. Dem Kai hat Veit durch eine großzügige Schenkung den Start in eine selbständige Existenz ermöglicht. Im Gegenzug hat Kai auf seinen Erbteil verzichtet. Seine Schwester Karin ist vor Veit gestorben. Sie hat keine Abkömmlinge hinterlassen.

Wenn Veit kein Testament gemacht hat, freuen sich die Neffen und Nichten, denn der Stamm Karin ist ausgestorben, der Stamm Kai durch Erbverzicht insgesamt von der gesetzlichen Erbfolge ausgeschlossen.

Auch der Ehegatte kann auf seinen Erbteil verzichten. Ein Erbverzicht kann durch gemeinsame Erklärung des Erblassers und des Verzichtenden aus der Welt geschafft werden. Auch dafür ist notarielle Beurkundung erforderlich. Nach dem Tod eines Teils dürfte der Verzicht nicht mehr veränderbar sein.

Wichtiges auf einen Blick

● Die *gesetzliche Erbfolge* gilt, soweit Sie nicht durch Testament oder Erbvertrag etwas anderes bestimmen.

Sie begünstigt die nachfolgenden Generationen (Kinder und Kindeskinder) und den Ehegatten. Wenn solche gesetzlichen Erben nicht vorhanden sind, so entscheidet die verwandtschaftliche Nähe zum Erblasser. Dabei gilt meist das Alles-oder-Nichts-Prinzip: Nähere Verwandte schließen weiter entferntere aus. Wenn Sie das vermeiden wollen, müssen Sie eine letztwillige Verfügung hinterlassen.

● *Kinder* untereinander sind gleichberechtigt. Soweit sie bereits verstorben sind, treten deren Kinder und Kindeskinder an ihre Stelle. Wenn Sie ausgleichen wollen, was Kinder schon zu Lebzeiten erhalten haben, müssen Sie es wiederum durch eine letztwillige Verfügung tun.

● Für *nichteheliche Kinder* gelten beim Tode der Mutter keine Besonderheiten, wohl aber beim Tode des Vaters. Ein Erbrecht besteht nur für Kinder, die *nach* dem 30. Juni 1949 geboren wurden. Wenn sie neben ehelichen Kindern oder dem Ehegatten erben, so ist ihr Anspruch der Höhe nach gleich; sie sind aber *nicht* als Miterben am Nachlaß beteiligt. Nichteheliche Kinder, die nach dem genannten Termin geboren worden sind, haben Anspruch auf den vorzeitigen Erbausgleich. Sie erhalten auf Antrag eine Abfindung in Höhe des Unterhalts, den ihnen der Vater für die Dauer von drei Jahren schuldete. Mit der Erfüllung dieses Anspruchs erlöschen alle erbrechtlichen Beziehungen zwischen dem Vater und dem nichtehelichen Kind.

● Beim *Ehegatten* hängt die Höhe des Erbteils bei der gesetzlichen Erbfolge vom Güterstand ab, in dem die Ehegatten gelebt haben. Im gesetzlichen Güterstand der Zugewinngemeinschaft erhält der überlebende Ehegatte neben Kindern die Hälte der Erbschaft, neben Verwandten der zweiten Ordnung drei Viertel. Nur wenn der Verstorbene keine Verwandten der ersten oder zweiten Ordnung und auch keine Großeltern hinterläßt, erbt der überlebende Ehegatte bei gesetzlicher Erbfolge allein. Daneben verbleibt dem überlebenden Ehegatten der Hausrat („Voraus").

● Mit der *Scheidung* erlischt das gesetzliche Erbrecht der Ehegatten. Auch vor der Scheidung kann es ausgeschlossen sein, wenn die Ehegatten zum Todeszeitpunkt bereits in Scheidung gelebt haben.

Ihre Rechte bei letztwilligen Verfügungen

2

Das Testament

Wenn Sie − aus welchen Gründen auch immer − die gesetzliche Erbfolge ausschließen wollen, dann müssen Sie ein Testament machen. Dabei haben Sie nahezu *unumschränkte Gestaltungsfreiheit*. Sie können den Weg Ihres Vermögens für
die Zeit nach Ihrem Tod bis in alle Einzelheiten und für lange
Zeit festlegen. Sie können bei einem Glas Wein nach Gutdünken geben und übergehen. ,,Wer Dich geliebt, den kannst
Du reich beschenken'' (Otto Reutter), bei den anderen, mit
denen Sie noch eine Rechnung offen haben, können Sie Ihre
Rache kalt genießen. Und es kostet Sie nichts: Wie immer
Sie verfügen, es wird erst *nach* Ihrem Tod wirksam. Und bis
dahin sind Sie, von ganz seltenen Ausnahmen abgesehen, in
Ihrer Bewegungsfreiheit unbeschränkt. Testamente kann man
jederzeit ändern und schon gar nicht ist man durch eine testamentarische Verfügung daran gehindert, sein Vermögen
zu Lebzeiten nach Belieben auszugeben. Sie können Ihr Bargeld in der Spielbank verprassen; das mag den Neffen, den
Sie großzügig bedacht haben, schmerzen, irgendwelche
Rechte hat er nicht. Es ist und bleibt Ihr Geld, Ihr Vermögen, und Sie sind dem Neffen keine Rechenschaft schuldig.
In einem Testament bedacht zu sein ist lediglich eine ,,Aus-
sicht'', aber kein Anspruch auf eine Erbschaft für den Begünstigten.

Die Testierfreiheit

Jeder Bürger hat das Recht, über sein Vermögen für die Zeit nach seinem Tod frei zu verfügen. Die Testierfreiheit ist unbeschränkt und unbeschränkbar. Auch Versuche, mittelbar Druck auf den Testierenden auszuüben, sind von Gesetzgebung und Rechtsprechung immer wieder bekämpft worden.

Es gibt nur zwei Einschränkungen der Testierfreiheit:

● Abkömmlinge und der Ehegatte haben Anspruch auf den Pflichtteil (siehe Seite 56 ff.). Ihnen muß wenigstens ein Rest der Erbschaft verbleiben.

● Das Testament darf nicht gegen die ,,guten Sitten'' verstoßen. Als sittenwidrig hat die Rechtsprechung in der Vergangenheit das Testament zugunsten der/des Geliebten angesehen, wenn hierdurch die Ehefrau/Ehemann enterbt und auf den Pflichtteil gesetzt wurde. Diese Rechtsprechung ist heute praktisch aufgegeben.

Die Testierfähigkeit

Ein Testament verfassen kann jeder volljährige Bürger. Minderjährige die das 16., aber noch nicht das 18. Lebensjahr vollendet haben, können auch ein Testament errichten, aber nur vor dem Notar.

Früher konnten *Entmündigte* kein wirksames Testament verfassen. Diese Einschränkung ist seit Beginn des Jahres 1992 entfallen, weil es die Entmündigung nicht mehr gibt. Dauerhaft behinderte Menschen erhalten vielmehr einen Betreuer. Das gilt auch für Entmündigungen, die in der Vergangenheit ausgesprochen worden sind. Sie sind zu Beginn des Jahres 1992 durch Gesetz in Betreuung umgewandelt worden.

Die Betreuten bleiben dem Grunde nach testierfähig. Allerdings können sie ein Testament nicht errichten, wenn sie ,,wegen krankhafter Störung der Geistestätigkeit, wegen Geistesschwäche oder wegen Bewußtseinsstörung" nicht in der Lage sind, die Bedeutung ihrer Willenserklärung einzusehen. Das muß jetzt im *Einzelfall* festgestellt werden. Die Neuregelung wird deshalb wahrscheinlich viele Rechtsstreite mit sich bringen. Wer zukünftig das Testament eines Betreuten mit der Behauptung angreifen will, der Betreute sei bei der Testamentserrichtung nicht Herr seiner Sinne gewesen, wird die Einzelheiten darlegen und beweisen müssen. Keine leichte Aufgabe!

Wenn Zweifel an der Testierfähigkeit bestehen, sollte ein Testament nur mit Hilfe eines Notars abgefaßt werden. Der Notar ist verpflichtet, sich von der Testierfähigkeit seines Klienten zu überzeugen. Dies hält er auch im Protokoll fest. Ähnliches gilt in Fällen der ,,Verkalkung". Ist ein alter Mensch nicht mehr in der Lage, den Notar aufzusuchen, muß der Notar notfalls zu ihm kommen.

Was können Sie bestimmen?

Fast alles. Beim Abfassen seines Testaments ist jedermann souverän. Sie können einen Alleinerben bestimmen, dem Sie damit die üblichen Auseinandersetzungen unter den Miterben ersparen (a). Sie können Ihr Vermögen auch unter den Miterben gezielt verteilen (b). Sie können einzelne Gegenstände bestimmten Personen vermachen, obwohl diese nicht Erben sind (c). Sie können eine solche Begünstigung auch von bestimmten Gegenleistungen abhängig machen (d). Es ist sogar möglich, den Weg des eigenen Vermögens über mehrere folgende Generationen zu lenken (e). Sie können auch Vorsorge treffen für den Fall, daß ein vorgesehener Erbe vorzeitig ausfällt und die Erbschaft nicht antreten kann (f). Wenn Sie sicher sein wollen, daß Ihre Vorstellungen auch buchstabengetreu verwirklicht werden, so können Sie eine Person Ihrer Wahl zum Testamentsvollstrecker bestimmen (g). Darüber hinaus können Sie auch noch Regelungen treffen, die nicht unmittelbar zum Erbrecht gehören, aber mit dem Erbfall zu tun haben (h).

Sie haben Bedenken, weil Ihnen das juristische Rüstzeug fehlt und Sie die Fachausdrücke nicht kennen? Diese Angst ist unbegründet, denn bei der Auslegung eines Testaments ist stets der wahre Wille des Testierenden zu erforschen. Falschbezeichnungen, Irrtümer, offensichtliche Unrichtigkeiten, Unvollständigkeiten werden korrigiert. Sogar ergänzende und berichtigende Auslegungen sind möglich, wenn es Hinweise dafür gibt, daß dies dem wirklichen oder mutmaßlichen Willen des Testierenden entspricht.

a) Die Erbeinsetzung

An dieser Stelle müssen Sie die wichtigste Entscheidung treffen. Wenn Sie mehrere Erben einsetzen, so bedenken Sie bitte, daß nach Ihrem Tod eine *Erbengemeinschaft* entsteht, in der Entscheidungen nur gemeinsam gefällt werden können. In einigen Fällen genügt dabei die Mehrheit (schwierig, wenn Sie zum Beispiel Ihre beiden Kinder zu je der Hälfte einsetzen). In vielen Fällen aber ist Einstimmigkeit erforderlich, gerade bei wichtigen, weitreichenden Entscheidungen.

Erbeinsetzung und Vermächtnis werden häufig verwechselt. Das ist jedoch ungefährlich, wenn das wirklich Gewollte hinreichend deutlich wird. Entscheidend ist die Frage, ob der Begünstigte mit der Verwaltung und Abwicklung des Nachlasses betraut werden soll. Wenn ja, dann ist er Erbe.

Beispiel:

,,Mein Haus und mein Sparguthaben vermache ich meinem Neffen Nepomuk. Meine Briefmarkensammlung soll meine Großnichte Gerda erhalten, die selbst begeistert sammelt.''

35

Wenn damit das Vermögen des Testierenden weitgehend umschrieben ist, so spricht viel dafür, daß Nepomuk Alleinerbe
werden soll, während Gerda die Briefmarkensammlung als
Vermächtnis bekommt.

Übrigens:
Wenn Sie zum Beispiel Ihren Neffen Norbert zum Alleinerben eingesetzt haben, dann haben Sie damit, stillschweigend
und ohne einen einzigen von ihnen auch nur zu erwähnen,
alle anderen Verwandten von der Erbschaft ausgeschlossen.
Wenn Sie jemanden *enterben* wollen, brauchen Sie ihn also
nur zu *übergehen*.

b) Die Teilungsanordnung

Mit der Teilungsanordnung können Sie bestimmen, welcher
Erbe welche Vermögensgegenstände erhalten soll. Es handelt
sich um eine Anweisung an die Erben, wie sie das Erbe untereinander aufteilen sollen.

Beispiel:

,,Mein gesamtes Vermögen geht an meine drei Kinder, Konrad, Karla und Konstantin, zu gleichen Teilen. Konrad, der
heute bereits in meinem Betrieb tatkräftig mitarbeitet, soll
das Geschäft erhalten. Die Wertpapiere bekommt Karla. Konstantin soll das unbebaute Grundstück erhalten, das vielleicht
bald Bauland wird.''

Jedes Kind erhält ein Drittel der Erbschaft, allerdings in Form
der genannten Vermögenswerte.

Diese Formulierung könnte allerhand Ärger unter den Erben
verursachen, wenn die Vermögenswerte unterschiedlich viel
wert sind. Konstantin könnte einwenden, daß das Grundstück
viel weniger bringt als Betrieb und Wertpapiere. Auf die vage

Hoffnung, es könne später Bauland entstehen, könne er sich derzeit nicht verlassen. Dieser Einwand besteht zu Recht. Da jedes Kind auf ein Drittel eingesetzt ist, müßte ein Wertausgleich stattfinden. Das setzt wiederum voraus, daß die wirklichen Werte der drei Vermögensteile festgestellt werden. Ohne Sachverständigen wird das nicht gehen. Wenn Sie das ausschließen wollen, müßten Sie hinzusetzen:

Variante:
,,Ein Wertausgleich soll nicht stattfinden.''

Die Teilungsanordnung ist eine Möglichkeit, bestimmte Vermögenswerte sinnvoll zu verteilen.

Übrigens:
Wenn die Erben später durch einstimmige Entscheidung anders aufteilen, so ist dagegen kein Kraut gewachsen. Sollten Sie auch das verhindern wollen, so müssen Sie Testamentsvollstreckung anordnen.

c) Das Vermächtnis

Wenn Sie jemanden begünstigen wollen, ohne daß er Erbe ist, dann können Sie ihn mit einem Vermächtnis bedenken. Der Vermächtnisnehmer hat einen Anspruch gegen den oder die Erben, daß ihm das Vermächtnis verschafft wird. Diesen Anspruch kann der Vermächtnisnehmer notfalls vor Gericht durchsetzen. Für ihn hat das Vermächtnis *Vor- und Nachteile:* Er ist kein Miterbe und deshalb mit der Verwaltung der Erbschaft nicht befaßt, muß sich andererseits aber auch um nichts kümmern. Er haftet insbesondere auch nicht für die Nachlaßverbindlichkeiten.

Zu wessen Lasten geht das Vermächtnis? Auch das obliegt Ihrer Entscheidung. Sie können den gesamten Nachlaß und damit alle Erben gleichmäßig belasten.

,,Meiner treuen Haushälterin Hanna vermache ich eine monatliche Rente in Höhe von 1 000 DM. Meine Erben sollen sie entsprechend ihrem Erbteil aufbringen.''

Sie können aber auch einen bestimmten Erben allein belasten.

Beispiel:

,,Die 1 000 DM sollen aus den Zinserträgen des Wertpapierdepots entnommen werden, das ich meiner Tochter Karla zugedacht habe.''

Das Vermächtnis können Sie auch Ihrer Kirche oder einem Verein zuwenden.

Beispiel:

,,Die Sammlung alter Schriften, die ich in vielen Jahren zusammengetragen habe, vermache ich meiner Heimatstadt.''

Auch hierbei haben Sie wiederum nahezu unbegrenzte Gestaltungsfreiheit. Sogar ein noch nicht geborenes, nicht einmal gezeugtes Kind können Sie begünstigen. Sie können weiter bestimmen, daß das Vermächtnis nicht sofort nach Ihrem Tode, sondern erst zu einem späteren Zeitpunkt erfüllt werden soll.

Eine Besonderheit ist das ,,Vorausvermächtnis'', wenn Sie nämlich einen bestimmten Gegenstand einer Person zuwenden möchten, die Sie ohnehin als Erbe vorgesehen haben, ohne daß dies auf den Erbteil angerechnet werden soll.

Beispiel:

,,Alles was ich habe, sollen meine beiden Brüder, Bert und Balduin, zu gleichen Teilen bekommen. Bert vermache ich außerdem den antiken Sekretär in meinem Wohnzimmer. Dies soll ihm nicht auf seinen Erbteil angerechnet werden.''

d) Die Auflage

Mit der Auflage verpflichten Sie den Begünstigten, Erben oder Vermächtnisnehmer, auf ein Tun oder ein Unterlassen. Von dem Neffen zum Beispiel, den Sie so großzügig bedacht haben, verlangen Sie, daß er den treuen Dackel, der viele Jahre mit Ihnen teilte, bis an sein Ende pflegt. Wenn der treulose Neffe seine Verpflichtung nicht erfüllt und den Hund in ein Tierheim gibt, dann kann er seine Zuwendung unter Umständen verlieren. Ein Erbe, der Vermächtnisnehmer oder auch der Testamentsvollstrecker kann dies nach Ihrem Tod überprüfen und auf Erfüllung der Auflage bestehen.

e) Vor- und Nacherbschaft, Schlußerben

Sie können auch an verschiedene Personen nacheinander vererben, das geschieht sogar recht häufig. Auch dafür gibt es verschiedene Möglichkeiten, und Sie müssen die für Sie richtige herausfinden.

Variante 1:
Sie setzen einen Erben und einen *Schlußerben* ein. Damit bestimmen Sie, daß Ihre Erbschaft zunächst dem Erben zufällt, der damit, wie jeder andere Eigentümer auch, zu seinen Lebzeiten nach Belieben verfahren kann. Was bei dessen Tode von Ihrem Erbe noch vorhanden ist, soll dann den Schlußerben erfreuen. Allerdings kann der erste Erbe nicht seinerseits durch Testament anderweitig verfügen.

Sie bestimmen eine Person zum Vorerben, eine andere zum Nacherben. Diese Fallgestaltung ist hauptsächlich bei Eheleuten mit gemeinsamen Kindern anzutreffen.

Beispiel:

,,Meine Ehefrau soll meine alleinige, befreite Vorerbin sein. Nach ihrem Tod sollen unsere beiden gemeinsamen Kinder Nacherben zu gleichen Teilen werden.''

Durch Vor- und Nacherbschaft versucht der Testierende, die Erbschaft in der Familie zu halten. Ganz nach seinen Vorstellungen kann er dabei die Position des Vorerben oder diejenige des Nacherben stärken. Der nicht befreite Vorerbe ist schon zu Lebzeiten in seiner Macht über die Erbschaft eingeschränkt. Er ist dem Nacherben zur ordnungsgemäßen Verwaltung der Erbschaft verpflichtet. Über Grundstücke, Eigentumswohnungen, Erbbaurechte und Hypotheken kann der nicht befreite Vorerbe nur mit Zustimmung des Nacherben verfügen. Auch Schenkungen sind dem Vorerben ohne Zustimmung nicht erlaubt. Er ist dem Nacherben sogar zur Rechnungslegung verpflichtet. Von diesen Lästigkeiten können Sie den Vorerben aber ,,befreien''. Der befreite Vorerbe kann den Nachlaß ganz für sich verwenden und auch Grundstücke verkaufen. Er darf den Nacherben aber nicht bewußt schädigen. Der Nachweis der gezielten Schädigung ist im Streitfall so gut wie nie zu führen.

Wichtig:
Auch der Nacherbe erbt vom Erblasser, nicht etwa vom Vorerben. Durch Vor- und Nacherbschaft schließen Sie also die gesetzlichen Erben des Vorerben von der Erbfolge aus.

Beispiel:

Emil hat Friederike geheiratet, die aus einer geschiedenen Ehe zwei erwachsene Kinder hat. Emil und Friederike haben ein gemeinsames Kind. Emil möchte, daß sein Vermögen nach seinem Tod zunächst der Friederike, dann dem gemeinsamen Sohn Samy zufließen soll. Die beiden Kinder der Friederike aus erster Ehe, die ihm fernstehen, will Emil von jeglicher Begünstigung ausschließen.

Hier böte sich an, Friederike zur befreiten Vorerbin und Samy zum Nacherben einzusetzen. Beim Tod der Friederike haben deren Kinder aus erster Ehe weder ein Erb- noch ein Pflichtteilsrecht.

f) Der Ersatzerbe

Sie können auch Vorsorge für den Fall treffen, daß der von Ihnen eigentlich begünstigte Erbe entfällt. Er kann versterben, er kann die Erbschaft ausschlagen (siehe „Ausschlagung", Seite 115 ff.). Dann tritt der Ersatzerbe an die Stelle des ursprünglich vorgesehenen Erben.

g) Die Testamentsvollstreckung

Es gibt viele gute Gründe, Testamentsvollstreckung anzuordnen, es gibt aber auch einen gewichtigen Grund, es nicht zu tun: Sie kostet Geld, das allerdings von den Erben aufzubringen ist. Die Sache muß deshalb sorgfältig überlegt werden. Hier sind einige Gründe, die *für* die Testamentsvollstreckung sprechen:

● Sie wollen den Erben die Mühen der Nachlaßabwicklung (Sichten der Erbschaft, Aufstellung eines Nachlaßverzeichnisses, Verteilung des Nachlasses, Erbschaftsteuererklärung etc.) ersparen.
● Sie wollen sichergehen, daß sich die Erben nicht durch einstimmige Entscheidungen über Ihre Anweisungen hinwegsetzen.

- Sie wollen als Unternehmer sicherstellen, daß Ihr Betrieb sachkundig fortgeführt wird.

Durch die Testamentsvollstreckung sichern Sie die Durchsetzung Ihrer Vorstellungen über Ihren Tod hinaus. Das lohnt sich natürlich nur, wenn auch Vermögen vorhanden ist. Der Testamentsvollstrecker ist nämlich ausschließlich dem (inzwischen verstorbenen) Testierenden verpflichtet. Er hat dessen wahren Willen durch Auslegung des Testaments zu ermitteln und auszuführen. Dabei können ihm weder die Erben noch das Nachlaßgericht hineinreden. Auseinandersetzungen zwischen Erben und Testamentsvollstrecker sind deshalb auch nicht selten. Loszuwerden ist der Testamentsvollstrecker nur, wenn die Erben ihm eine grobe Pflichtverletzung nachweisen können. Selbstverständlich sollte der Testamentsvollstrecker eng mit den Erben zusammenarbeiten, aber letztlich entscheidet er allein, und zwar im Sinne des Verstorbenen. Auch ein Miterbe kann zum Testamentsvollstrecker bestimmt werden.

Auch bei der Anordnung der Testamentsvollstreckung in Ihrem Testament haben Sie freie Hand. Sie brauchen sie keineswegs für den gesamten Nachlaß anzuordnen, Sie können sie auf Teile beschränken; Sie können sie auch zeitlich begrenzen. Sie können untersagen, daß die Erben ein wertvolles Grundstück verkaufen und den Erlös aufteilen und einen Testamentsvollstrecker damit beauftragen, das Grundstück (bis zu 30 Jahre) nach Ihrem Tod zu verwalten.

Der Testamentsvollstrecker legitimiert sich durch ein Zeugnis, das er vom Nachlaßgericht erhält. Wenn seine Bestellung nicht beschränkt ist, so hat er Tätigkeiten, die mit der Nachlaßabwicklung zusammenhängen, in eigener Verantwortung durchzuführen. Selbstverständlich muß er den Erben Rechnung legen.

Der Testamentsvollstrecker hat Anspruch auf eine angemessene Vergütung. Die Höhe können Sie in Ihrem Testament festlegen. Wenn Sie dabei zu niedrig greifen, riskieren Sie allerdings, daß der Testamentsvollstrecker das ihm angetragene Amt nicht annimmt. (Sprechen Sie mit der Person Ihres Vertrauens!) Wenn Sie *keine* Angaben über die Vergütung machen, so kann der Testamentsvollstrecker ein Honorar beanspruchen, das sich nach der Größe der Erbschaft richtet.

Es gilt: Bis 80 000 DM 4 Prozent, für einen Mehrbetrag bis 400 000 DM 3 Prozent, bis 4 Mio. DM 2 Prozent, darüber hinaus 1 Prozent.

Rechenbeispiel:

Kosten der Testamentsvollstreckung für eine Erbschaft von 100 000 DM: 4 Prozent aus 80 000 DM = 3 200 DM; 3 Prozent aus dem Restbetrag von 20 000 DM = 600 DM; zusammen 3 800 DM (+ Auslagen und Mehrwertsteuer).

h) Was Sie sonst noch bestimmen können

Auch dabei sind Ihrer Phantasie wenig Grenzen gesetzt. Sie können insbesondere auch Dinge regeln, die nicht unmittelbar zum Erbrecht gehören, aber mit dem Erbfall zu tun haben. Wer zum Beispiel soll berechtigt sein, über Ihre Konten zu verfügen, wer darf also Geld abheben, die Miete überweisen und mit Ihrer Lebensversicherung verhandeln? Wer bestimmt, wo Sie bestattet werden und wie Ihr Grab aussieht?

Allerdings kann es sich empfehlen, solche Verfügungen *außerhalb* des eigentlichen Testaments zu treffen, vor allem wenn Sie ein öffentliches Testament errichtet haben. Bedenken Sie bitte, daß bis zur Testamentseröffnung durch das Nachlaßgericht rund sechs Wochen vergehen können. Die Vollmachten und die Anweisungen über die letzte Ruhestätte werden aber vorher gebraucht. Sie sollten solche Verfügun-

Amtsgericht
-Nachlaßgericht-

Geschäfts-Nr.: 4 VI

6500   Mainz, den 17.September 1992

Eingegangen

0 1. OKT. 1992

Testamentsvollstreckerzeugnis

Herr Rechtsanwalt

ist zum Testamentsvollstrecker über den Nachlaß des/der am   29. Mai 1987

in   **Mainz**

verstorbenen, zuletzt in   **Mainz,**   wohnhaft gewesenen

                              Kurt Konrad

geboren am **21.11.1903**   in

ernannt worden.

Anordnung von Beschränkungen:

gez.
Richterin am Amtsgericht
Ausgefertigt:

Justizangestellte als
Urkundsbeamtin der
Geschäftsstelle

b.w.

NS 30 (fr. NS 109) Testamentsvollstreckerzeugnis (§ 2368 BGB)
Formularverlag Emil Sommer, Grünstadt — gen. 2 1977 — O —

44

gen deshalb gesondert treffen und so aufbewahren, daß die Person Ihres Vertrauens schnellen Zugriff hat.

Die Testamentsformen

Das Gesetz eröffnet Ihnen verschiedene Formen, nach denen Sie Ihr Testament errichten können. Wiederum müssen Sie Vor- und Nachteile gegeneinander abwägen.

Jedermann kann ein Testament ganz für sich allein machen, auch in der Ehe. Ehegatten (nur sie!) können statt dessen aber auch die Form des *gemeinschaftlichen* Testaments wählen.

Sie können Ihr Testament ganz allein *(privatschriftlich)* verfassen und in Ihrem Nachttisch aufbewahren. Das hat den Vorteil, daß die Testamentserrichtung nichts kostet und daß Sie das Testament täglich ändern können.

Nachteile:
Das Testament in Ihrem Nachttisch kann — aus welchen Gründen auch immer — verschwinden. Haben Sie mehrere Testamente verfaßt, so gilt im allgemeinen nur das letzte. Läßt sich dies sicher feststellen? Und außerdem kommt es bei privatschriftlichen Testamenten, von Laien verfaßt, eher zu Auslegungsschwierigkeiten als bei einem Testament, das mit Hilfe eines Notars verfaßt worden ist.

Das öffentliche *(notarielle)* Testament kostet schon bei der Errichtung Geld (siehe Seite 49). Es wird beim Nachlaßgericht verwahrt und kann deshalb nicht einfach verschwinden. Wenn Sie Zweifel an Ihrer Testierfähigkeit von vornherein ausschließen wollen, sollten Sie möglichst ein öffentliches Testament errichten, in dem der Notar in der Urkunde bestätigt, daß er sich von Ihrer Testierfähigkeit persönlich überzeugt hat. Wer ein solches Testament später anfechten will, wird es nicht leicht haben.

Das eigenhändige (privatschriftliche) Testament

Ein eigenhändiges Testament können Sie jederzeit verfassen. Es würde genügen, wenn Sie dieses Büchlein aus der Hand legen und nach einem Stück Papier und einem Schreibgerät (auch Bleistift genügt) greifen. Dabei sind aber zwei Dinge unverzichtbar: Das gesamte Testament muß *von Ihnen handgeschrieben* und *am Ende unterzeichnet* sein. Wenn eine dieser Voraussetzungen nicht erfüllt ist, so ist Ihr Testament *unwirksam*.

Ansonsten gibt es noch einige *Soll-Vorschriften*, die Sie möglichst beachten sollten. Tun Sie es nicht, so bleibt Ihr Testament trotzdem gültig, es könnten aber später allerhand Streitereien entstehen. Aus dem Testament *sollen* sich *Zeit* und *Ort* der Errichtung ergeben (Kassel, den 15. November 1991). Wenn Sie dies beachten, werden sich bei mehreren vorhandenen Testamenten keine Zweifel ergeben, welches das zuletzt geschriebene und somit das gültige ist. Auch als Brief kann ein Testament errichtet werden, wenn die übrigen Voraussetzungen erfüllt sind und wenn deutlich wird, daß Sie damit wirklich ernsthaft ein Testament errichten wollten.

Handschriftlich müssen Sie das eigenhändige Testament verfassen, die Sprache ist ebenso gleichgültig (es gibt Übersetzer) wie die Schriftart (Kurzschrift kann übertragen werden). Unterschreiben sollten Sie möglichst mit vollem Vor- und Zunamen, aber auch eine andere Unterschrift genügt („Eure Mutter"), wenn sie nur eindeutig identifiziert werden kann. Aus all dem folgt: Wer nicht schreiben kann (Blinde, Kranke, Gebrechliche, Analphabeten), der kann kein eigenhändiges Testament errichten. Er muß sich der Hilfe eines Notars bedienen.

Das eigenhändige Testament können Sie privat verwahren. Dann müssen Sie aber auch dafür Sorge tragen, daß es nach Ihrem Tod gefunden wird. Empfehlenswert ist eine

,,Vorsorge-Mappe" (ebenfalls erhältlich beim Walhalla Fachverlag), in der Sie für den Fall des Falles alle notwendigen Schritte vorzeichnen. Es genügt aber auch, daß Sie eine Person Ihres Vertrauens darüber unterrichten, wo sich Ihr ,,Letzter Wille" befindet. Wenn Sie ganz sichergehen wollen, so können Sie das Testament auch beim Nachlaßgericht hinterlegen.

Die *Änderung* oder gar der *Widerruf* ist beim eigenhändigen Testament völlig problemlos. Sie können später etwas hinzufügen, doch sollten Sie dann unbedingt neu unterschreiben, Sie können Passagen streichen oder verändern. Immer sollte dabei deutlich werden, daß es Veränderungen von *Ihrer* Hand sind. Wenn es mit den Änderungen und Ergänzungen überhandnimmt, wird sich das Neuschreiben jedoch kaum noch vermeiden lassen.

Dann müssen Sie aber sicherstellen, daß das frühere Testament vernichtet wird. Das geschieht beim eigenhändigen Testament durch Zerreißen, Verbrennen etc. Es ist immer problematisch, wenn mehrere Testamente auftauchen, die sich teilweise widersprechen, zumal man auch mehrere Testamente hinterlassen kann, die sich ergänzen sollen. Wenn Sie ein neueres Testament errichten und damit ein früheres ersetzen wollen, so sollten Sie dies gesondert klarstellen (zum Beispiel: ,,Mit diesem Testament hebe ich alle früheren letztwilligen Verfügungen auf").

Das öffentliche (notarielle) Testament

Das öffentliche Testament wird immer mit Hilfe eines Notars errichtet. Schreibunfähige sowie Personen, die das 16., aber noch nicht das 18. Lebensjahr vollendet haben, können nur ein öffentliches Testament errichten. Dafür gibt es drei Wege:

● Sie *erläutern* dem Notar, welche Regelung Sie anstreben, und der Notar formuliert anschließend ein Testament, das

Ihren Wünschen entspricht. Sie können also gewiß sein, daß Ihre Vorstellungen angemessen niedergelegt werden.

- Sie übergeben dem Notar eine *offene Schrift* mit der Erklärung, darin sei Ihr Letzter Wille enthalten. In diesem Fall genügt Maschinenschrift, eine Unterschrift ist nicht erforderlich.
- Sie übergeben dem Notar eine *verschlossene Schrift* mit der Erklärung, daß dies Ihr Testament sei. Wiederum genügt Maschinenschrift ohne Unterschrift.

Nur im ersten Fall kann Sie der Notar umfassend beraten. In allen Fällen dokumentiert er die Testamentserrichtung durch ein Protokoll und hält dabei auch fest, daß er Sie als testierfähig anerkannt hat. Anschließend gibt er das Testament in die amtliche Verwahrung des Nachlaßgerichtes (Baden-Württemberg: Bezirksnotariat), das das für Sie zuständige Standesamt unterrichtet. Bei Ihrem Tod unterrichtet wiederum das Standesamt das Nachlaßgericht, das das Testament von Amts wegen eröffnet.

Im allgemeinen wird Sie der Notar zur Testamentserrichtung in seine Kanzlei bitten. In Ausnahmefällen kommt er aber auch zu Ihnen.

Wenn Sie ein öffentliches Testament verändern wollen, so müssen Sie es aus der Verwahrung beim Nachlaßgericht zurückfordern.

Vorsicht:
Diese Rücknahme gilt als Widerruf des Testaments! Wenn Sie es nur ergänzen wollen, benötigen Sie wiederum den Notar, der für die korrekte Erfüllung Ihrer Wünsche Sorge trägt. Das ist ein reichlich umständliches Verfahren. Dafür hat das notarielle Testament einen weiteren Vorzug: Wenn zum Nachlaß ein Grundstück gehört, brauchen Sie zur Umschreibung keinen Erbschein, es genügt die Vorlage des notariellen Testaments.

Die Kosten, die beim Notar entstehen, werden meist überschätzt. Ihre Höhe richtet sich nach dem Wert der Erbschaft und ergibt sich aus einem Gesetz, nämlich der Kostenordnung. Machen Sie sich deshalb nicht reicher, als Sie sind! Bei einem Nachlaßwert von 100 000 DM beträgt die Notarsgebühr 260 DM (plus Auslagen und Mehrwertsteuer), bei 500 000 DM 860 DM. Beratung inklusive!

Achtung:
In manchen Bundesländern gibt es Rechtsanwälte, die gleichzeitig Notare sind. Die Beratung durch einen Rechtsanwalt ist meist teurer. Klären Sie deshalb *vor* dem Beratungsgespräch, daß Sie nur die Hilfe des Notars in Anspruch nehmen!

Das gemeinschaftliche Testament

Wenn Eheleute ein langes Leben miteinander verbracht haben, können Sie den Wunsch verspüren, das erarbeitete Vermögen auch für die Zeit nach dem Tode gemeinsam zu verteilen. Dafür gibt es das gemeinschaftliche Testament, bei dem eine stärkere Bindung der Ehegatten eintritt. Da es als eine gemeinsame Willensbekundung beider Gatten gilt, ist es nur eingeschränkt widerrufbar. Nach dem Tod eines Gatten kann der Überlebende bestimmte Festlegungen, die im Testament getroffen worden sind, nicht mehr widerrufen.

Diese stärkere Bindung beider Eheleute tritt aber nur bei den „wechselbezüglichen Verfügungen" ein, das sind diejenigen Festlegungen, bei denen angenommen werden kann, daß die Verfügung des einen nicht ohne diejenige des anderen getroffen worden wäre.

Beispiel:

„Hiermit setzen wir uns wechselseitig zu Alleinerben ein."
Diese Verfügung gilt als wechselbezüglich, weil jeder Gatte

den anderen nur als Alleinerbe einsetzt und er auch selbst —
als Überlebender — Alleinerbe wird.

Wechselbezüglich können nur Erbeinsetzung, Vermächtnis
und Auflage sein. Andere Verfügungen können im gemeinschaftlichen Testament getroffen werden, unterliegen aber
nicht der stärkeren Bindungswirkung.

Nur Ehegatten können ein gemeinschaftliches Testament errichten, deshalb verliert ein gemeinschaftliches Testament
seine Wirksamkeit, wenn die Ehe *geschieden* wird oder ein
begründeter Scheidungsantrag vorliegt. (Die Partner einer
nichtehelichen Lebensgemeinschaft können statt dessen einen Erbvertrag abschließen, siehe auch Seite 52.) Solange
beide Eheleute leben, können sie das gemeinschaftliche
Testament jederzeit *gemeinsam* widerrufen. Sie können es
vernichten oder ein neues gemeinschaftliches Testament verfassen. Ein Ehegatte *allein* kann die Teile des gemeinschaftlichen Testaments, die der verstärkten Bindung unterliegen,
nur durch notarielle Erklärung widerrufen, die dem anderen
Ehegatten zugestellt werden muß, damit der andere Ehegatte
auf jeden Fall von dem Widerruf erfährt.

Ist ein Gatte *verstorben,* so sind die wechselbezüglichen Verfügungen endgültig unwiderrufbar. Der Ehegatte, der zuerst
verstirbt, kann also sicher sein, daß der andere die gemeinsam getroffenen Entscheidungen nicht nachträglich über den
Haufen werfen kann.

Beispiel:

,,Wir setzen uns gegenseitig zu Alleinerben ein. Nach dem
Tod des Längstlebenden von uns soll das gesamte vorhandene Erbe unserem Neffen Nils zufallen.''

Achtung:
Durch die Bestimmung wird der überlebende Ehegatte gehindert, ein eigenes Testament zu verfassen und die Erbschaft

50

zum Beispiel der Nichte Nadine zuzuwenden. Er bleibt aber berechtigt, zu seinen *Lebzeiten* mit dem Erbe nach Gutdünken zu verfahren.

Ein Sonderfall des gemeinschaftlichen Testaments ist das *Berliner Testament*. Darin setzen sich die Ehegatten wechselseitig zu Alleinerben ein und bestimmen außerdem, daß das gesamte Vermögen nach dem Tod des Längstlebenden von ihnen an die gemeinsamen Kinder fallen soll.

Beispiel:

,,Wir setzen uns wechselseitig zu Alleinerben ein. Nach dem Tode des Überlebenden soll unser Vermögen an unsere Kinder Knut und Katharina zu gleichen Teilen gehen.''

Damit haben die Ehegatten die Kinder nach dem Tod des Erstversterbenden enterbt. Sie hoffen, daß die Kinder in diesem Fall auch keine Pflichtteilsansprüche geltend machen werden.

Gemeinschaftliche Testamente können als eigenhändige oder öffentliche errichtet werden. Für das eigenhändige Testament gilt: Nur *ein* Ehegtte muß es handschriftlich verfassen, aber *beide* müssen es unterschreiben. Dabei sollte der andere Ehegatte sein Einverständnis mit dem Inhalt zum Ausdruck bringen.

Beispiel:

,,Das ist auch mein Wille.

Kassel, den 15. Dezember 1992   Unterschrift.''

Wenn Sie die Hilfe des Notars in Anspruch nehmen, so bedenken Sie bitte, daß beim gemeinschaftlichen Testament *doppelte Gebühren* anfallen, weil es sich um zwei letztwillige Verfügungen handelt.

Testamente, die in der ehemaligen DDR verfaßt wurden

Für Bürger in den neuen Bundesländern gilt seit der Vereinigung, also seit dem 3. Oktober 1990, das bundesdeutsche Recht, wie es dargestellt wurde. Allerdings gibt es einige wenige Abweichungen, die beachtet werden müssen. Eine dieser Abweichungen betrifft Testamente, die *vor* dem Vereinigungstermin verfaßt worden sind. Sie werden weiter nach dem damals in der DDR geltenden Zivilgesetzbuch (ZGB) beurteilt, soweit es dabei um die *Form* und die *Testierfähigkeit* des Erblassers geht. Für den Inhalt gilt dagegen BGB-Recht. Einen kurzen Überblick zum ZGB-Recht enthält Kapitel 11.

Der Erbvertrag

Das gemeinschaftliche Testament kann jederzeit geändert werden. Das kann mißlich sein für den künftigen Erben oder Vermächtnisnehmer, der aus guten Gründen auf die Begünstigung vertraut und am Ende leer ausgeht. Wenn Sie dem Begünstigten eine gewisse Sicherheit geben wollen, dann können Sie mit ihm einen Erbvertrag abschließen. Damit sind Sie für die Zeit nach Ihrem Ableben gebunden, wie bei jedem anderen Vertrag auch. Einseitige Veränderungen sind nicht mehr möglich. Sie brauchen dazu vielmehr die Einwilligung des Vertragspartners. Der Abschluß eines Erbvertrages bedarf deshalb sorgfältiger Überlegung. Die Einzelheiten erläutert Ihnen der Notar, den Sie beim Erbvertrag immer benötigen. Zur Erinnerung: Auch der Erbvertrag bindet den Verfügenden (Erblasser) nur für die Zeit *nach* seinem Tod. Zu seinen Lebzeiten bleibt er Herr seines Vermögens und seiner Entschlüsse. Er darf sein Hab und Gut mit vollen Händen ausgeben, was der Vertragspartner nicht oder allenfalls in seltenen Ausnahmefällen verhindern kann.

Der Erblasser darf nichts verschenken „in der Absicht, den Vertragserben zu beeinträchtigen". Diese Absicht nachzuweisen dürfte nahezu unmöglich sein. Kürzlich hatte der Bundesgerichtshof dazu einen instruktiven Fall (Urteil vom 17. 6. 1992: AZ.: IV ZR 88/91) zu entscheiden. Im Alter von 61 Jahren hatte der sehr vermögende Erblasser eine 52jährige Frau geheiratet. Vererben konnte er der Frau nichts mehr, weil er zuvor einen Erbvertrag geschlossen und darin seinen Neffen zum „Vertragserben" eingesetzt hatte. Während der Ehe überschrieb er große Teile seines Vermögens in zweistelliger Millionenhöhe seiner Frau, damit sie ihn bis zu seinem Tod betreue und pflege. Nach seinem Tod wollte der Neffe diese Vermögenswerte zurückhaben. Der BGH entschied, daß der Erblasser seinen Neffen *nicht* absichtlich beeinträchtigt habe, sein Eigeninteresse habe überwogen. Es sei anzuerkennen, so der BGH, wenn jemand so für sein Alter vorsorge, obwohl sich der Mann, wie ein Kritiker anmerkte, für soviel Geld ein ganzes Pflegeheim hätte kaufen können.

Wann empfiehlt sich ein Erbvertrag?

- Ein Erbe soll Sie in Ihren späten Tagen pflegen und dafür bei Ihrem Tod besonders bedacht werden. Sie sichern ihm einen größeren Erbteil durch Erbvertrag und stellen dies auch gegenüber den anderen Miterben klar. Dann kann es nachher keinen Streit geben – und die übrigen Miterben werden den Begünstigten im Bedarfsfall an seine besonderen Verpflichtungen erinnern!
- Sie wollen sich in ein Altenheim „einkaufen". Bevor Sie dort Bewohner werden, versprechen Sie dem Heimträger durch Erbvertrag ein Vermächtnis.
- Der Schwiegersohn, gelernter Zimmermann, hilft Ihnen beim Bau Ihres Häuschens. Das geschieht „in der Familie" und wird nicht entlohnt. Für die Zeit nach Ihrem Tod wollen Sie sich erkenntlich zeigen.

- Sie haben einen Betrieb und wollen eines Ihrer Kinder, das sich dafür eignet, als Nachfolger binden. Dann sollten Sie diesem Kind auch die Gewißheit geben, daß es Ihr Rechtsnachfolger wird.
- Sie haben umfangreiches Vermögen, das Sie frühzeitig unter Ihren Erben verteilen möchten, damit Streit nachher möglichst vermieden wird. Die Einzelheiten haben Sie mit allen Erben abgesprochen, nun halten Sie sie vertraglich fest.
- Sie leben in einer festen Lebensgemeinschaft außerhalb der Ehe und wollen sich gegenseitig zum Alleinerben einsetzen. Da Sie kein gemeinschaftliches Testament verfassen können, wählen Sie den Erbvertrag.

Merke:
Der Erbvertrag bedarf immer der *notariellen* Beurkundung. *Bindend* sind dabei nur *Erbeinsetzung, Vermächtnis* und *Auflage.* Andere Dinge wie Teilungsanordnung, Ersatzerbschaft oder Testamentsvollstreckung können Sie mitaufnehmen, sie unterliegen aber nicht der Bindung. Sie können sie also später jederzeit einseitig ändern.

Die Verfügungen, die der vertraglichen Bindung unterliegen, können Sie nur mit Zustimmung des oder der Begünstigten ändern. Dies bedarf wiederum der notariellen Beurkundung, und zwar unter Anwesenheit des begünstigten Vertragspartners.

In *Ausnahmefällen* können Sie den *Rücktritt* vom Erbvertrag erklären:

- Sie haben sich den Rücktritt im Erbvertrag ausdrücklich vorbehalten. (Das ist möglich, schränkt aber die Sicherheit des Vertragspartners erheblich ein.)
- Sie haben den Erbvertrag nur geschlossen, weil sich der Vertragspartner zu bestimmten Leistungen verpflichtet hat (zum Beispiel lebenslange Pflege). Wenn diese Verpflich-

tung aufgehoben wird, können Sie vom Erbvertrag zurücktreten.

● Der Begünstigte hat sich einer Verfehlung schuldig gemacht, die Sie zum Entzug des Pflichtteils (siehe
Seite 59 f.) berechtigen würde.

● *Ehegatten* können einen Erbvertrag durch ein gemeinschaftliches Testament unwirksam werden lassen.

Schließlich kann ein Erbvertrag unter bestimmten Voraussetzungen auch angefochten werden (siehe Seite 56). Ein Erbvertrag unter Eheleuten wird unwirksam, wenn die Ehe geschieden oder ein begründeter Scheidungsantrag gestellt wird.

Nichtigkeit und Anfechtung von Testament und Erbvertrag

Nichtig können Testament oder Erbvertrag sein, wenn der
Testierende bei seiner Erklärung nicht wußte, was er tat, insbesondere bei Geisteskrankheit. Das muß im *Einzelfall* festgestellt werden, denn es gibt keine Entmündigung mehr.
Nichtig können letztwillige Verfügungen auch sein, wenn die
Formvorschriften nicht beachtet worden sind, wenn Sie ein
eigenhändiges Testament mit der Schreibmaschine verfaßt
oder wenn Sie es zwar mit der Hand geschrieben, aber nicht
unterschrieben haben. Da hilft dann nichts mehr! Beim notariellen Testament sollte der Notar die Formvorschriften beachtet haben.

Nichtig ist ein Testament, das ein Minderjähriger verfaßt hat
(Ausnahme: siehe Seite 47). Nichtig sind letztwillige Verfügungen, die nur zum Schein oder Scherz verfaßt wurden. In
der Vergangenheit hat die Rechtsprechung Testamente als sittenwidrig und damit nichtig beurteilt, in denen der verheira-
tete Mann seine Lebensgefährtin zur Alleinerbin einsetzte.
Diese Rechtsprechung ist heute aufgegeben (siehe Kapitel 9).

Die *Anfechtung* von Testament und Erbvertrag ist möglich, wenn

- sich der Testierende bei seiner Erklärung in einem schwerwiegenden Irrtum befunden hat;
- er zu seiner Erklärung durch eine Drohung veranlaßt worden ist;
- er beim Testieren nicht gewußt oder nicht beachtet hat, daß es noch einen Pflichtteilsberechtigten (siehe Seite 57 ff.) gibt.

Angefochten werden kann Ihr Testament erst nach Ihrem Tod, und zwar durch jeden, der sich davon Vorteile verspricht. Er muß den Anfechtungsgrund aber beweisen!

Die Erbunwürdigkeit

Der hohe Stellenwert der Testierfreiheit zeigt sich daran, daß als erbunwürdig gilt, wer versucht hat, durch arglistige Täuschung oder widerrechtliche Drohung auf die Testamentserrichtung Einfluß zu nehmen. Ebenso rigoros verfährt unser Erbrecht mit jemandem, der den Erblasser daran hindern wollte, ein Testament zu errichten oder aufzuheben, oder wer versucht hat, ein Testament zu unterdrücken oder zu verfälschen. Erbunwürdig ist außerdem, wer dem Erblasser nach dem Leben getrachtet hat. Die Abkömmlinge des Erbunwürdigen bleiben erbberechtigt.

Der Pflichtteil

Beim Pflichtteil hat es ein Ende mit Ihrer Testierfreiheit. Unser deutsches Erbrecht gestattet Ihnen nicht, Ihre Kinder und Kindeskinder, Ihren Ehegatten und Ihre Eltern vollständig zu übergehen (andere Rechtsordnungen sind in diesem Punkt wesentlich großzügiger). Das heißt: Sie können sie zwar übergehen, diesen nächsten Angehörigen bleibt aber ein *Restanspruch in Höhe der Hälfte des gesetzlichen Erbteils*.

Beispiel:

Die kinderlosen Eheleute Emma und Emil haben sich hoffnungslos zerstritten. Wutschnaubend setzt sich Emil, dessen Eltern schon lange tot sind, hin und schreibt ein Testament, wonach er sein gesamtes Vermögen seiner Schwester Schwanhild ,,vermacht''.

Wenn Emil stirbt, ohne das zu korrigieren, so hat er Schwanhild zur Alleinerbin eingesetzt und Emma gleichzeitig enterbt. Emma hätte Anspruch auf den Pflichtteil in Höhe der Hälfte des gesetzlichen Erbteils. Neben der Schwester Schwanhild (Verwandte zweiter Ordnung) wäre Emma als gesetzliche Erbin zu drei Vierteln berufen. Ihr Pflichtteil beträgt in diesem Fall also drei Achtel.

Anspruch auf den Pflichtteil haben

● Kinder und Kindeskinder (eheliche, nichteheliche, durch Ehe legitimierte, adoptierte, *nicht* Stiefkinder),
● der Ehegatte, wenn die Ehe nicht geschieden ist und wenn auch kein begründeter Scheidungsantrag vorlag,
● die Eltern.

Wer sein Erbe ausschlägt, hat *keinen* Pflichtteilsanspruch. Hiervon gibt es eine wichtige Ausnahme bei Ehegatten, die im gesetzlichen Güterstand der Zugewinngemeinschaft lebten (siehe Seite 19 ff.).

Der Pflichtteilsberechtigte ist kein Erbe, er ist deshalb an der Nachlaßabwicklung nicht beteiligt. Er hat lediglich einen Anspruch gegen den oder die Erben auf Zahlung einer bestimmten Geldsumme.

Wie wird die Höhe des Pflichtteils festgestellt? Sie hängt ab vom Erbteil bei gesetzlicher Erbfolge und natürlich von der Größe der Erbschaft. Schieben Sie also zunächst alle Testamente und Erbverträge beiseite und ermitteln Sie, welchen Erbteil der Pflichtteilsberechtigte bei gesetzlicher Erbfolge beanspruchen könnte.

Beispiel:

Die Eheleute Elke und Ehrenfried, die im gesetzlichen Güterstand der Zugewinngemeinschaft leben, hatten ursprünglich drei Kinder, Käthe, Kim und Kirsten. Kim ist frühzeitig verstorben und hat die Enkel Enzio und Emilio hinterlassen. In einem gemeinschaftlichen Testament haben Elke und Ehrenfried sich wechselseitig zu Alleinerben eingesetzt. Beim Tod von Ehrenfried macht Emilio seinen Pflichtteil geltend.

Ohne Testament stünde Elke neben den Abkömmlingen die Hälfte des Nachlasses zu, die andere Hälfte müßten sich die Kinder teilen (je ein Sechstel). An die Stelle des verstorbenen Kim sind Enzio und Emilio getreten (je ein Zwölftel). Emilio hat Anspruch auf einen Pflichtteil in Höhe der Hälfte seines gesetzlichen Erbteils, also ein 24stel.

Der Wert des Nachlasses errechnet sich aus den allgemeinen Grundsätzen. Dazu müssen Sie zunächst die Vermögenswerte zusammenstellen und sodann deren Wert ermitteln. Bei Geld ist das kein Problem (jedenfalls nicht bei deutschem Geld, bei ausländischen Währungen können schon Wechselkursschwankungen hinzukommen). Andere Nachlaßgegenstände müssen Sie mit ihrem Verkaufswert, Grundstücke mit ihrem Verkehrswert (nicht etwa Einheitswert, der ist für die Erbschaftssteuer von Bedeutung) ansetzen.

Bei landwirtschaftlichen Grundstücken gilt der Ertragswert. Schwierig wird es bei einer Arztpraxis, bei Unternehmensbeteiligungen oder bei Wertpapieren. Im Zweifelsfall werden Sie um Bewertungen durch Sachverständige kaum herumkommen. Den so ermittelten Vermögenswerten (Aktiva) müssen Sie anschließend die Belastungen des Nachlasses (Passiva) gegenüberstellen. Dazu gehören die Schulden des Erblassers ebenso wie die Kosten des Begräbnisses.

Ergänzung des Pflichtteils

Auch der Erblasser weiß, daß eine Person, die er enterbt hat, den Pflichtteil geltend machen kann. Er könnte deshalb versucht sein, sein Vermögen noch zu Lebzeiten ganz oder teilweise zu verschenken. Das Gesetz will auch dies verhindern. Deshalb kann der Pflichtteilsberechtigte verlangen, daß solche Schenkungen, wenn sie noch nicht länger als zehn Jahre zurückliegen, dem Nachlaß hinzugerechnet werden. Die Erben müssen sich also behandeln lassen, als ob die verschenkten Vermögenswerte noch zum Nachlaß gehörten.

Ein Ergänzungsanspruch besteht auch, wenn der Erblasser einen Pflichtteilsberechtigten zwar bedacht hat, allerdings mit einem zu geringen Erbanteil.

Beispiel:

Die verwitwete Mutter Martha hatte zwei Kinder, Kunibert und Kunigunde. Kunibert ist verstorben und hat Erik und Elfriede hinterlassen. In ihrem Testament hat Martha Kunigunde zu einem Drittel, ihren Lieblingsenkel Erik zur Hälfte und Elfriede auf den Rest eingesetzt.

Nach gesetzlicher Erbfolge hätte Kunigunde Anspruch auf die Hälfte. Sie erhält zwar nur ein Drittel, doch ist der Pflichtteil (ein Viertel) nicht unterschritten. Elfriede soll den Rest erhalten, das wäre ein Sechstel. Auch das ist mehr als der Pflichtteil (gesetzlicher Erbteil ein Viertel, Pflichtteil ein Achtel). Auch Elfriede hat keinen Ergänzungsanspruch.

Vom Pflichtteil ausgeschlossen?

Das gibt es, wenngleich selten. Auch wenn sich Ihre Kinder schäbig benehmen, behalten sie den Anspruch auf den Pflichtteil. Nur bei erheblichen Straftaten gegen den Erblasser kann der Pflichtteil entzogen werden.

Kein Pflichtteilsanspruch besteht ansonsten

- bei Erbverzicht,
- bei Ausschlagung der Erbschaft (Ausnahme: Ehegatte im gesetzlichen Güterstand),
- beim nichtehelichen Kind, das vom Vater den vorzeitigen Erbausgleich verlangt hat.

Verjährung nach drei Jahren

Der Pflichtteilsanspruch entsteht mit dem Erbfall. Der Berechtigte braucht ihn nicht geltend zu machen, und Kinder sollten ihn auch nicht verlangen, wenn sich die Eltern wechselseitig zu Alleinerben eingesetzt haben und der erste Elternteil stirbt. Nach drei Jahren ist der Anspruch verjährt, wenn er nicht zuvor geltend gemacht worden ist. Gemeint ist die Geltendmachung bei *Gericht*. Lassen Sie sich deshalb, wenn Sie den Pflichtteil verlangen, durch allerhand Hin- und Herschreiberei nicht aufs Glatteis führen! Der Pflichtteilsberechtigte hat einen umfassenden *Auskunftsanspruch* gegen den oder die Erben. Wenn Sie diesen Auskunftsanspruch gerichtlich geltend machen, so *unterbrechen* Sie damit die Verjährung.

Wichtiges auf einen Blick

● Durch das *Testament* können Sie zu Lebzeiten bestimmen, welchen Weg Ihr Vermögen nach Ihrem Tod nehmen soll. Dadurch tritt im allgemeinen eine Bindung nicht ein, denn Sie können Ihr Testament, von wenigen Ausnahmen abgesehen, jederzeit wieder ändern. Vor allem werden Sie durch ein Testament in keiner Weise in Ihrer Verfügungsfreiheit über Ihr Vermögen zu Ihren Lebzeiten beschränkt. Solange Sie leben, können Sie weiter tun und lassen, was Sie wollen!

Sie können ein eigenhändiges Testament errichten. Es muß durchweg handschriftlich verfaßt sein, andernfalls ist es ungültig. Das öffentliche Testament wird durch einen Notar errichtet, der Ihnen die Einzelheiten erläutert. Ehegatten haben die Möglichkeit, ein gemeinschaftliches Testament, eigenhändig oder notariell, zu verfassen. Nach dem Tod eines Ehegatten kann der Überlebende bestimmte Anordnungen nicht mehr verändern.

Bei der Errichtung Ihres Testaments haben Sie vielfältige Gestaltungsmöglichkeiten. Nur in seltenen Fällen gelten Testamente als nichtig. Die frühere Rechtsprechung, die Testamente als sittenwidrig bezeichnete, wenn darin die/der „Geliebte" des Erblassers begünstigt war, kann heute als aufgegeben bezeichnet werden.

● Durch den *Erbvertrag* tritt eine stärkere Bindung des Erblassers ein, der im allgemeinen nicht mehr berechtigt ist, für die Zeit nach seinem Tod anderweitige Verfügungen zu treffen. Der Erbvertrag ist deshalb das richtige Instrument, wenn Sie von Ihrem Vertragspartner für die Einsetzung als Erbe oder Vermächtnisnehmer eine Gegenleistung zu Ihren Lebzeiten erwarten. Der Erblasser bleibt aber auch beim Erbvertrag berechtigt, zu seinen Lebzeiten über sein Vermögen zu verfügen (auch bei Schenkungen), soweit er dafür ein „Eigeninteresse" geltend machen kann.

● Der Ehegatte, die Abkömmlinge und die Eltern des Erblassers haben Anspruch auf den *Pflichtteil,* wenn sie durch letztwillige Verfügung von der Erbschaft ausgeschlossen worden sind. Der Pflichtteil ist halb so hoch wie die Erbschaft bei gesetzlicher Erbfolge. Dabei können Vermögenswerte, die Sie vor Ihrem Tod verschenkt haben, eingerechnet werden. Der Anspruch auf den Pflichtteil, der vom Berechtigten geltend gemacht werden muß, verjährt innerhalb von drei Jahren.

Wie Sie sonst noch Vorsorge treffen können

3

Banken und Lebensversicherungen sind findig, wenn es darum geht, anderer Leute Geld an sich zu binden. Sie haben eine Vielzahl von Möglichkeiten entwickelt, mit denen Sie Ihnen zur Hand gehen wollen: Natürlich nicht in erster Linie, um Ihnen Gutes zu tun, sondern aus Eigennutz. Andererseits sollten Sie vorurteilsfrei prüfen, ob und inwieweit sich diese Angebote für Ihre Zwecke eignen. Es kann viele Gründe geben, am eigentlichen Nachlaß vorbei gesonderte Verfügungen zu treffen. Alle diese Kniffe haben aber auch ihre Schattenseiten.

Schenkungen

Sie können Vermögenswerte noch zu Ihren Lebzeiten verschenken. Dafür kann sprechen:

- Was verschenkt worden ist, gehört nicht in den Nachlaß. Das kann vorteilhaft sein, wenn Sie Pflichtteilsansprüche befürchten. Dann müssen Sie aber rechtzeitig handeln, denn Schenkungen innerhalb der letzten zehn Jahre vor dem Tod werden bei der Berechnung des Pflichtteils hinzugerechnet. Schenkungen an die Ehegatten sind zu berücksichtigen, auch wenn sie länger als zehn Jahre zurückliegen.
- Sie wollen Erbschaftsteuer sparen. Das lohnt sich eigentlich nur bei nahen Angehörigen, und Sie müssen wiederum frühzeitig beginnen. Schenkungen werden wie Erbgut versteuert, sie können aber die großzügigen Freibeträge für die nahen Angehörigen mehrfach in Anspruch nehmen. Liegt eine solche Schenkung bei Ihrem Tod aber noch nicht

wenigstens zehn Jahre zurück, so wird Sie dem Nachlaß hinzugerechnet. Wo es um größere Vermögen geht, sollte die frühzeitige Übertragung als Schenkung erwogen werden.

Achtung:
Was Sie verschenkt haben, ist endgültig weg. Sie können es nicht später zurückfordern (es sei denn, der Beschenkte gibt es freiwillig heraus). Verschiedene Konstruktionen sich ein Rückforderungsrecht vorzubehalten, scheitern meist am Finanzamt. Wegen des Steuerrechts allein, sollten Sie Ihr Vermögen deshalb nicht verschenken.

Schenkung auf den Todesfall

Sie erklären die Schenkung frühzeitig, die Vermögensübertragung tritt aber erst bei Ihrem Tod ein. Unter den Juristen ist vieles sehr umstritten. Am besten dürfte sein, wenn Sie diese Erklärung in notarieller Form abgeben.

Die unentgeltliche Zuwendung unter Ehegatten

Bei Eheleuten sind unentgeltliche Vermögensübertragungen häufig. Ein Ehegatte überschreibt ein Grundstück oder einen Grundstücksanteil auf den Partner, er überträgt ihm ein Wertpapierdepot oder ein Bankguthaben, einen Pkw oder ein wertvolles Bild. Nach den Grundsätzen, die die Rechtsprechung dazu entwickelt hat, handelt es sich um eine besondere Verfügung unter Ehegatten, die aber erbrechtlich wie eine Schenkung zu behandeln ist. Das gilt insbesondere auch im Hinblick auf das Pflichtteilsrecht. Zugunsten eines durch letztwillige Verfügung von der Erbschaft ausgeschlossenen Abkömmlings ist die Zuwendung also bei der Berechnung des Pflichtteilsanspruchs dem Nachlaß fiktiv zuzurechnen. Vorteilhaft ist diese Zuwendung aber bei der Erbschaftsteuer (siehe Kapitel 4).

Lebensversicherungen

Noch eine Möglichkeit, wie Sie einer Person Ihres Vertrauens eine Summe am Nachlaß vorbei zuwenden können. Dazu schließen Sie einen Lebensversicherungsvertrag und benennen die Person zum „Bezugsberechtigten". Der kann die Versicherungssumme bei Ihrem Tod unmittelbar von der Lebensversicherung fordern. Er muß sich dann weder mit den Erben noch mit den Nachlaßgläubigern herumärgern. Allerdings sollten Sie den Bezugsberechtigten zu Ihren Lebzeiten von Ihrer Verfügung unterrichten.

Wenn Sie Ihrem Ehegatten eine zusätzliche Altersvorsorge bieten wollen, so könnte sich ein Lebensversicherungsvertrag empfehlen, den Ihr Gatte als Versicherungsnehmer auf Ihren Tod abschließt. Die Versicherungssumme fällt nicht in den Nachlaß und ist auch nicht der Erbschaftsteuer unterworfen.

Bankverfügungen

Sie können ein Sparbuch auf den Namen Ihrer Lieblingsnichte anlegen. Durch einen Sperrvermerk wird sichergestellt, daß die Nichte über das Guthaben erst nach Ihrem Tod verfügen kann. Sie können auch mit Ihrer Hausbank vereinbaren, daß ein bestimmtes Konto bei Ihrem Tod auf einen Dritten übergeht, und zwar unabhängig von der Erbfolge. Weitere Konstruktionen verrät Ihnen jedes Kreditinstitut.

Vollmachten

Nach Ihrem Ableben werden Personen Ihres Vertrauens eine Reihe von Maßnahmen zu treffen haben, wofür Sie vorsorgen sollten. Dies geschieht am besten durch Vollmachten, die Sie rechtzeitig erteilen müssen. Wiederum haben Sie erheblichen Entscheidungsspielraum.

Soweit Sie für laufende Kosten (Miete, Telefon, Zeitung, Versicherungsprämien) eine Einzugsermächtigung oder einen Dauerauftrag erteilt haben, wird Ihre Hausbank diese Aufträge auch nach Ihrem Tod weiter ausführen. Ansonsten aber werden Ihre Konten mit Ihrem Tod quasi gesperrt, denn Ihre Hausbank verlangt von jedem, der Verfügungen treffen will, einen Erbschein (siehe Kapitel 10). Bis der oder die Erben den bekommen, vergehen aber schätzungsweise sechs Wochen. In der Zwischenzeit sind Ihre Konten eingefroren. Das können Sie mit der Vollmacht verhindern.

Wenn sie eine *Generalvollmacht* erteilen, so kann die Person Ihres Vertrauens alle notwendigen rechtsgeschäftlichen Erklärungen in Ihrem Namen und für Ihre Rechnung (beziehungsweise für Rechnung des Nachlasses) abgeben. Vermerken Sie bitte, daß die Generalvollmacht über Ihren Tod hinaus Geltung haben soll. Sie können auch eine *Einzelvollmacht* erteilen. Dabei können Sie genau festlegen, zu welchen Rechtsgeschäften der Bevollmächtigte berechtigt sein soll.

Beispiel:

,,Hiermit ermächtige ich meinen Neffen Nikolaus, über mein Sparkonto bei der Volksbank Kassel, Konto-Nr.: 51890, zu verfügen.''

Sie können eine solche Vollmacht schon für Ihre Lebzeiten und über den Tod hinaus erteilen; Sie können aber auch einschränken, daß Sie erst nach Ihrem Tod Gültigkeit erlangen soll. In diesem Fall wird der Bevollmächtigte auch eine Sterbeurkunde vorlegen müssen.

Für eine Vollmacht ist eine besondere Form nicht vorgeschrieben. Sie können sie deshalb handschriftlich verfassen.

Aber:
Banken verlangen die Vollmacht in *notarieller* Form. Dafür gibt es übrigens bei den Kreditinstituten besondere Formulare.

Soweit Sie eine Lebensversicherung abgeschlossen haben, ohne einen Bezugsberechtigten zu benennen, sollten Sie einem Erben ebenfalls eine gesonderte Vollmacht erteilen. Diese Person sollte auch wissen, wo sich die Versicherungspolice befindet.

Wenn Sie Streit vermeiden wollen, so bestimmen Sie auch, wer für die Ausrichtung Ihrer Beerdigung und der Grabstätte verantwortlich sein soll.

Achtung:
Prüfen Sie Ihr Testament (oder Ihren Erbvertrag) alle paar Jahre, ob es noch mit Ihren Wünschen übereinstimmt. Sind Sie inzwischen geschieden? Dann könnten einzelne Formulierungen, in denen Sie Ihren früheren Gatten begünstigt haben, nicht mehr Ihrem Willen entsprechen (Einzeltestament).

Der Wert des Nachlasses

Bevor Sie ein Testament machen, müssen Sie Ihr Vermögen sichten und berücksichtigen, daß es erhebliche Diskrepanzen bei der Bewertung einzelner Nachlaßteile geben kann. Das hat Bedeutung für die Verteilung Ihres Nachlasses wie auch für Pflichtteilsansprüche und nicht zuletzt für die Erbschaftsteuer.

- Wenn Sie gleichnahe Verwandte, insbesondere Abkömmlinge gleichmäßig bedenken wollen, so sollten Sie sich zu erinnern versuchen, ob und inwieweit einzelne Erben oder Vermächtnisnehmer schon zu Ihren Lebzeiten begünstigt worden sind. Legen Sie fest, ob Schenkungen zu Lebzeiten unter den Erbberechtigten ausgleichspflichtig sein sollen.
- Wenn Sie enge Angehörige enterben, so denken Sie bitte an das Pflichtteilsrecht. Das Recht, den Pflichtteil zu verlangen, entsteht mit dem Erbfall und kann dazu führen, daß die Erben sofort erheblichen finanziellen Forderungen ausgesetzt sind. Oftmals bleibt dann nur der Ausweg, Vermögenswerte schnell zu versilbern. Das kann insbesondere bei Immobilien zu erheblichen Wertverlusten führen. Andererseits haben Pflichtteilsberechtigte bis zu drei Jahren Zeit, ihren Anspruch geltend zu machen.
- Das gilt um so mehr, als die Erben möglicherweise Erbschaftsteuer zahlen müssen.
- Bedenken Sie weiter, daß die Kosten für die Beerdigung und das Grab mit rund 10 000 DM anzusetzen sind. Überlegen Sie, welche weiteren Schulden Sie voraussichtlich hinterlassen und wann sie fällig werden könnten.
- Wenn Sie Teilungsanordnungen treffen, müssen Sie berücksichtigen, daß Vermögenswerte starken Schwankungen unterworfen sein können. Manchmal ist der Wert von Nachlaßteilen ohne einen kostspieligen Fachmann überhaupt nicht zu ermitteln.

Für Wertpapiere und ausländische Währungen gilt der Wert am Todestag. Spätere Gewinne und Verluste (!) bleiben unberücksichtigt. Das gilt für die Pflichtteilsberechnung wie für die Erbschaftsteuer.

Bei Grundstücken und grundstücksgleichen Rechten gilt der Verkehrswert, der notfalls geschätzt werden muß. Wenn die Erben nicht hoffnungslos zerstritten sind, sollte eine kostengünstige Schätzung durch ein Kreditinstitut oder einen Makler genügen, sonst ist ein Sachverständigengutachten erforderlich. Es hilft übrigens nichts, wenn Sie im Testament einen Wert vorgeben.

Bei der Erbschaftsteuer werden Immobilien mit dem Einheitswert plus 40 Prozent bewertet. Das ist eine wesentliche Bevorzugung des Immobilieneigentums.

Unternehmensbeteiligungen, Handelsgeschäfte, freiberufliche Praxen werden mit dem Ertragswert angesetzt. Er kann nur von einem Sachverständigen ermittelt werden.

Wichtiges auf einen Blick

- Was Sie zu Lebzeiten verschenkt haben, gehört nicht in den Nachlaß. Es kann aber bei Pflichtteilsansprüchen zu berücksichtigen sein.

- Auch Lebensversicherungen, Bankverfügungen und Vollmachten bieten Möglichkeiten, wie Sie Vermögenswerte am Nachlaß vorbei zuwenden können.

- Durch die ,,unentgeltliche Zuwendung" können Sie den Ehegatten begünstigen.

Wie der Fiskus kassiert

4

Jetzt wird es höchste Zeit, daß Sie sich mit einigen Grundsätzen der Erbschaftsteuer vertraut machen, über die viele falsche Vorstellungen im Umlauf sind. Vergessen Sie, was Sie dazu in manchen Illustrierten gelesen haben, denn in den meisten Fällen, in denen kleine und mittlere Vermögen an die nächsten Angehörigen weitergereicht werden, dürfte überhaupt keine oder allenfalls eine geringe Erbschaftsteuer anfallen. Anders kann es aussehen, wenn Sie nicht „in der Familie" vererben; insbesondere die Partner einer nichtehelichen Lebensgemeinschaft werden ziemlich rabiat zur Kasse gebeten. Wenn große Vermögen vererbt werden, ist die Hilfe eines versierten Steuerberaters notwendig.

Erbschaftsteuer und Freibeträge

Die Erbschaftsteuer hängt ab von der *Höhe der Erbschaft* und der *verwandtschaftlichen Nähe* des Erben zum Erblasser. Daraus folgt bereits, daß Sie die Erbschaftsteuer verringern können, wenn Sie das Vermögen unter möglichst vielen Angehörigen aufteilen. Jeder Erbe erhält einen bestimmten *Freibetrag*, bis zu dem der Erwerb steuerfrei ist. Der Freibetrag ist um so höher, je näher der Erbe zum Erblasser steht. Der überlebende Ehegatte hat außerdem Anspruch auf den „Versorgungsfreibetrag", der sich allerdings verringert, wenn dem Ehegatten nach dem Tod Witwenrente oder Witwengeld aus öffentlich-rechtlichen Kassen zusteht. Auch Kinder haben Anspruch auf einen Versorgungsfreibetrag. Dieser Versorgungsfreibetrag für Kinder ist um so höher, je jünger das Kind ist. Er beträgt 50 000 DM für ein Kind bis zu fünf Jahren und verringert sich bis auf 10 000 DM für ein Kind zwischen 20 und 26 Jahren.

Steuer-klasse	dazu zählen als Erben	Freibetrag	Versorgungs-freibetrag
I	Ehegatte	250 000 DM	250 000 DM
	Kinder (eheliche, nichteheliche adoptierte), Stiefkinder, Kinder verstorbener Kinder	90 000 DM	10 000 DM bis 50 000 DM
II	Enkel, Urenkel, Eltern und Vorel-tern bei Erwerb von Todes wegen	50 000 DM	–
III	Eltern u. Großel-tern bei Zuwendun-gen unter Leben-den, Geschwister, Neffen, Nichten, Schwiegerkinder, Schwiegereltern, geschiedener Ehe-gatte, auch Stief-schwiegerkinder	10 000 DM	–
IV	alle anderen Erben und Beschenkte	3 000 DM	–

Die Höhe der Erbschaftsteuer richtet sich nach dem steuer-pflichtigen Erwerb (nach Abzug des Freibetrags) und der Steuerklasse.

Wichtig:
Wenn Sie erben, so entscheidet über die Höhe Ihres steuer-pflichtigen Erwerbs Ihre Steuerquote (auch wenn Sie mit den Miterben beschlossen haben, ganz anders zu verteilen).

Wert des steuerpflichtigen Erwerbs (nach Abzug des Freibetrags) bis einschließlich DM	Vomhundertsatz in der Steuerklasse			
	I	II	III	IV
50 000	3	6	11	20
75 000	3,5	7	12,5	22
100 000	4	8	14	24
125 000	4,5	9	15,5	26
150 000	5	10	17	28
200 000	5,5	11	18,5	30
250 000	6	12	20	32
300 000	6,5	13	21,5	34
400 000	7	14	23	36
500 000	7,5	15	24,5	38
600 000	8	16	26	40
700 000	8,5	17	27,5	42
800 000	9	18	29	44
900 000	9,5	19	30,5	46
1 000 000	10	20	32	48
2 000 000	11	22	34	50
3 000 000	12	24	36	52
4 000 000	13	26	38	54
6 000 000	14	28	40	56
8 000 000	16	30	43	58
10 000 000	18	33	46	60
25 000 000	21	36	50	62
50 000 000	25	40	55	64

Steuerfrei sind darüber hinaus unter anderem:

- Hausrat einschließlich Wäsche und Kleidungsstücke sowie Kunstgegenstände und Sammlungen bei Personen der Steuerklassen I und II bis 40 000 DM, in den Steuerklassen III und IV bis 10 000 DM („Voraus")
- andere bewegliche körperliche Gegenstände (nicht Geld, Wertpapiere, Münzen, Edelmetalle, Edelsteine, Perlen so-

wie Gegenstände, die zum land- und forstwirtschaftlichen Vermögen gehören) bei Personen der Steuerklassen I und II bis 5 000 DM, bei Steuerklassen III und IV bis 2 000 DM

- Grundbesitz, Kunstgegenstände und -sammlungen, wissenschaftliche Sammlungen, Bibliotheken und Archive, wenn ihre Erhaltung im öffentlichen Interesse liegt (siehe § 13 I Nr. 2 b ErbStG)
- Entschädigungsleistungen für nationalsozialistische Verfolgung
- bis zu 2 000 DM für Personen, die dem Erblasser unentgeltliche Pflege oder Unterhalt gewährt haben, soweit das Zugewendete als angemessenes Entgelt anzusehen ist
- Gelegenheitsgeschenke
- Zuwendungen an inländische Religionsgemeinschaften und gemeinnützige Körperschaften, zu ausschließlich kirchlichen, gemeinnützigen oder mildtätigen Zwecken sowie an politische Parteien (teilweise allerdings nur zu einem bestimmten Prozentsatz)

Grundstücke begünstigt

Auch bei der Erbschaftsteuer ergibt sich die Frage, wie Vermögenswerte bewertet werden. Im allgemeinen fragt das Finanzamt nach dem Verkaufs- oder Kurswert, und zwar — ganz rigoros — zum Zeitpunkt des Erbfalls. Wenn die ererbten Wertpapiere nach dem Tod des Erblassers gefallen sind, müssen Sie unter Umständen kräftig draufzahlen. Andererseits bleiben aber auch die zwischenzeitlich eingetretenen Gewinne bei der Erbschaftsteuer unberücksichtigt.

Grundstücke werden dagegen mit 140 Prozent des *Einheitswerts* zur Erbschaftsteuer herangezogen, der im allgemeinen weit unter dem Verkehrswert liegt. Soweit das Grundstück noch mit Schulden belastet ist, werden diese bei der Bewertung abgezogen. Für landwirtschaftlich genutzte Grundstücke gilt der Einheitswert ohne Aufschlag.

Achtung:
Grundbesitz im Ausland wird mit dem vollen Verkehrswert besteuert.

Einheitswerte in den neuen Ländern

In den neuen Ländern gelten bei der Bewertung von Immobilien die Einheitswerte aus dem Jahre 1935. Wenn der Tod nach dem 31. Dezember 1990 eingetreten ist, dann sind

- Mietgrundstücke mit 100 %,
- Geschäftsgrundstücke mit 400 %,
- gemischtgenutzte Grundstücke, Einfamilienhäuser und sonstige bebaute Grundstücke mit 250 %,
- unbebaute Grundstücke mit 600 %

des Einheitswertes 1935 anzusetzen.

Freibeträge mehrfach nutzen

Sie können die Freibeträge (zum Beispiel bis 90 000 DM pro Kind) mehrfach nutzen. Grundlage hierfür ist die Schenkungsteuer, die mit der Erbschaftsteuer weitgehend identisch ist. Auch dort sind bei Schenkungen an die Kinder (zu Lebzeiten) bis zu 90 000 DM steuerfrei.

Aber:
Das Finanzamt addiert Schenkung und Erbschaft, wenn die Schenkung zum Todeszeitpunkt weniger als zehn Jahre zurückliegt. Wenn Sie die Freibeträge also mehrfach nutzen wollen, müssen Sie rechtzeitig schenken und dabei die Konsequenzen in Kauf nehmen (siehe Kapitel 3).

Die Banken müssen melden

Denken Sie bitte auch daran, daß den Erben bei Ihrem Tod die Stunde der Wahrheit schlägt. Denn die Banken und Lebensversicherungen sind gesetzlich verpflichtet, den Finanzbehörden zu melden, welche Guthaben der Verstorbene bei ihnen zum Todeszeitpunkt unterhielt. Dann kommen oftmals Steuersünden aus der Vergangenheit an den Tag. Insbesondere unvollständige Einkommensteuererklärungen werden offenbar. Für die Erben bedeutet das vielfach, daß sie nicht nur die Erbschaftsteuer, sondern auch die vorenthaltene Einkommensteuer einschließlich Hinterziehungszinsen und Säumniszuschlägen zahlen müssen.

Auch der Notar muß melden

Bedenken Sie bitte, daß der Notar verpflichtet ist, die Finanzbehörden über eine Schenkung, die er beurkundet hat, zu unterrichten. Wenn Sie zum Beispiel Ihrem Ehegatten ein Grundstück übertragen wollen, so ist dies nur in Form der notariellen Beurkundung möglich. Auch wenn Sie Ihr Handelsgeschäft auf ein Kind übertragen wollen, werden Sie meist ohne notarielle Beurkundung nicht auskommen. Der Notar ist verpflichtet, den Vorgang den Finanzbehörden offenzulegen.

Die Zuwendung unter Eheleuten

Für Ehegatten gibt es eine legale Möglichkeit, wie sie schenkungsteuerfrei bleiben können. Die Rechtsprechung kennt seit längerer Zeit die ,,unbenannte Zuwendung`` unter Eheleuten. Sie ist keine Schenkung, wenn sie ihr auch ähnelt.

Grundgedanke:

Während längerer Ehe, meist im gesetzlichen Güterstand der Zugewinngemeinschaft, hat ein Ehegatte Vermögen erworben, während der andere „nur" im Haushalt tätig war. Nur durch diese Arbeitsteilung war der Vermögenserwerb möglich. Dies erkennt der Vermögende an, indem er Teile seines Vermögens übereignet. Dieses Rechtsgeschäft kann steuerfrei sein. Der Bundesfinanzhof hat es wiederholt anerkannt. Nach einem Erlaß der obersten Finanzbehörden sind allerdings nur folgende unbenannten Zuwendungen steuerfrei:

- der gemeinsame Erwerb eines Familienwohnheimes aus den Mitteln nur eines Ehegatten,
- ein Ehegatte stellt dem anderen finanzielle Mittel zur Verfügung, damit letzterer ein Hausgrundstück erwerben kann, und
- die Übertragung von Eigentum oder Miteigentum an einem Hausgrundstück.

Übergangsrecht für die neuen Länder

In den neuen Ländern gilt das Erbschaftsteuer- und Schenkungsteuergesetz (ErbStG) seit Anfang 1991. Ist der Tod **vor** dem 1. Januar 1991 eingetreten, so gilt das Erbschaftsteuerrecht der ehemaligen DDR weiterhin. Es kannte nur die Steuerklassen I für Kinder des Erblassers, den Ehegatten und dessen Kinder sowie die Steuerklasse II für alle übrigen Erben. Dem überlebenden Ehegatten stand ein Freibetrag von 20 000 DM zu, den Kindern von 10 000 DM. Bei Erben mit ständigem Wohnsitz in der ehemaligen DDR waren Bankguthaben auf DDR-Kreditinstituten von der Erbschaftsteuer befreit.

Sparkasse/Landesbank

Erbschaftsteuer
Anzeige über die Verwahrung oder Verwaltung fremden Vermögens
(§ 33 ErbStG)

Sparkasse ▇▇▇▇▇
Vorstandssekretariat
Postfach ▇▇ 220
▇▇▇▇▇▇▇▇▇▇

Finanzamt Köln-Altstadt
– Erbschaftsteuerstelle –

Postfach 250 140

5000 Köln 1

1. Herrn Wilhelm ▇▇▇▇▇
   ▇▇▇▇▇▇▇ ▇▇▇, 5100 Aachen
2. Herrn Dr. Manfred ▇▇▇▇
   ▇▇▇▇▇ ▇▇▇▇ DDR 1055 Berlin ++)
3. Frau Helga ▇▇▇▇▇
   ▇▇▇▇▇ DDR 1055 Berlin ++)

Unsere Zeichen	Telefon-Durchwahl	Datum
	▇▇▇▇	07.01.19▇▇

Wir sind gesetzlich verpflichtet, beim Tode eines Kunden der zuständigen Erbschaftsteuerstelle das für den Erblasser verwaltete Vermögen zu melden. Demzufolge haben wir dem genannten Finanzamt heute folgendes angezeigt:

1. Erblasser

Name, Vor- u. Geburtsname	Geburtstag
▇▇▇▇▇, Grete geb. ▇▇▇▇▇	11.11.19▇▇

Wohnort und Wohnung

5090 Leverkusen 1, ▇▇▇▇▇▇▇

Todestag	Sterbeort	Sterberegister-Nr.
21.10.1984	Leverkusen	▇▇▇▇

2. Guthaben und andere Forderungen (auch Gemeinschaftskonten)

Konto-Nr.	Nennbetrag der Forderungen am Todestag ohne Zinsen für das Jahr des Todes (volle DM)	Zinsen für das Jahr des Todes bis zum Todestag (volle DM)	Hat der Kontoinhaber mit dem Kreditinstitut vereinbart, daß die Guthaben oder eines derselben mit seinem Tode auf eine bestimmte Person übergehen? Wenn ja: Name und genaue Anschrift dieser Person
1	2	3	4
105 000 509	387,34	–	–
105 000 230	2.362,02	–	–
305 020 011	189.952,--	–	–
305 119 448	17.441,23	–	–
305 140 583	30.256,67	–	–

3. Wertpapiere, Anteile, Genußscheine und dergleichen, auch solche im Gemeinschaftsdepot
(Nicht ausfüllen, wenn ein Depotauszug beigefügt wird)

Bezeichnung der Wertpapiere usw.	Nennbetrag	Kurswert bzw. Rückkaufswert am Todestag (volle DM)	Stückzinsen bis zum Todestag (volle DM)	Bemerkungen
1	2	3	4	5
Spark.-brief ▇▇▇	10.000,--	9.622,78	–	–
dto.	20.000,--	15.687,17	–	–
sowie beigef. Depotauszug				

4. Schließfach

Der Verstorbene hatte ☒ ein Schließfach ☐ kein Schließfach

5. Bemerkungen (z. B. über Schulden des Erblassers beim Kreditinstitut)

▇▇

Sparkasse ▇▇▇▇▇

Unterschriften

Ausfertigung für den Erben/Begünstigten

Wichtiges auf einen Blick

● Bei der Erbschaftsteuer werden nahe Angehörige und der Ehegatte durch beträchtliche Freibeträge sowie eine vorteilhafte Steuerklasse begünstigt. Gewisse Vermögenswerte sind von der Erbschaftsteuer ganz befreit. Immobilien werden nicht mit dem Verkehrswert, sondern mit dem Einheitswert plus 40 Prozent zur Erbschaftsteuer herangezogen.

● Schenkungen zu Ihren Lebzeiten werden wie Erbschaften besteuert. Alle zehn Jahre können Sie die Freibeträge voll in Anspruch nehmen.

● Bei der ,,unbenannten Zuwendung'' unter Eheleuten werden bestimmte Vermögensübertragungen überhaupt nicht besteuert.

● Bei Ihrem Tod ist die Bank verpflichtet, dem Finanzamt zu melden, welche Guthaben Sie unterhalten haben. Dann werden Unehrlichkeiten offenbar, und die Erben können mit Nachforderungen beispielsweise vorenthaltener Einkommensteuer konfrontiert werden. Auch ein Notar, der eine Schenkung protokolliert, muß darüber die Finanzbehörden unterrichten.

● Steuerrechtliche Überlegungen sollten Ihre Entscheidungen niemals allein bestimmen. Sie sind nachrangig.

TEIL II

Ihre Lebens-situation

Was Sie tun können

Ihre Lebenssituation:
Was Sie tun können

Jetzt sollten Sie das Rüstzeug haben, um Ihre Rechtslage und die Ihrer Erben bei Ihrem Ableben einigermaßen beurteilen zu können. Am besten orientieren Sie sich an den folgenden Fallgestaltungen, die von einer typischen familiären Situation ausgehen und zeigen, welche rechtliche Folgen sich ergeben,

- wenn Sie keinerlei Vorkehrungen treffen, das heißt, wenn Sie nichts tun und somit die gesetzliche Erbfolge eintritt,
- wenn Sie durch Testament oder Erbvertrag regelnd eingreifen.

Hinzu kommen jeweils weitere Hinweise, die Sie in Ihre Überlegungen für den Erbfall einbeziehen sollten, nicht zuletzt auch in steuerlicher Hinsicht.

Dabei lassen sich Wiederholungen leider nicht vermeiden. Bitte haben Sie dafür Verständnis.

Alleinstehende ohne Abkömmlinge

5

Antworten auf Fragen wie:

Werden Ihre Eltern Alleinerben?

Ist es sinnvoll, im Testament Vermächtnisse auszusetzen?

Wo sollten Sie Ihr Testament hinterlegen?

Haben Sie an die Erbschaftsteuer gedacht?

Sie sind alleinstehend und haben keine Abkömmlinge:

→ In diesem Fall sollten Sie unbedingt Testament oder Erbvertrag hinterlassen, weil die gesetzliche Erbfolge zu überaus unerquicklichen Auseinandersetzungen führen kann, vor allem wenn Ihre Eltern bereits verstorben sind.

Leben beide Elternteile, so werden sie Erben zu je der Hälfte, was auch nicht unbedingt in Ihrem Sinne sein muß. Nach dem Ableben eines Elternteils würde seine Hälfte auf Ihre Geschwister oder (falls diese nicht mehr am Leben sind) Neffen und Nichten übergehen. Sind Ihre Eltern dagegen beide verstorben, so kann es endgültig zum Tauziehen zwischen den wirklichen und vermeintlichen Erben kommen, erst recht, wenn Sie keine Geschwister hinterlassen. Dann wären schon die Verwandten der dritten Ordnung zur Erbschaft berufen; zu fragen wäre nach den gemeinsamen Großeltern und deren Abkömmlingen.

Es wäre schon schwer festzustellen, wer überhaupt Erbe ist, danach gäbe es zusätzlichen Streit über die Quoten. Dabei hilft auch kein Nachlaßgericht. Es ist nicht etwa so, daß das Gericht in einem solchen Fall von sich aus feststellt, wer mit welchem Anteil zur Erbschaft berufen ist. Bei gesetzlicher Erbfolge wird das Nachlaßgericht von sich aus überhaupt nicht tätig, es bestellt allenfalls einen Nachlaßpfleger. Ansonsten müssen sich diejenigen, die Anspruch auf die Erbschaft erheben, zunächst einigen. Das begünstigt häufig diejenigen, die durch schnellen Zugriff handeln. Da ist Streit unvermeidbar, und am Ende verklagt jeder Erbe den anderen. Das sollten Sie vermeiden helfen.

→ Dazu müssen Sie ein Testament machen. Sie haben völlig freie Hand und können nach Gutdünken verfügen. Das gilt jedenfalls, wenn Ihre Eltern verstorben sind. Leben Mutter oder Vater oder beide noch, so bedenken Sie bitte, daß die Eltern einen Pflichtteilsanspruch haben könnten (den sie selbstverständlich nicht geltend machen müssen und vielfach auch nicht geltend machen werden).

Setzen Sie mehrere Erben ein, so entsteht eine Erbengemeinschaft. Das Gesetz unterstellt, daß diese Miterbengemeinschaft alle notwendigen Dinge friedlich regelt, die Erbschaft alsbald aufteilt und sich auflöst. Die Wirklichkeit sieht häufig anders aus. Es gibt Streit um einzelne Erbstücke, die von mehreren Erben begehrt werden, und sei es als Erinnerungsstücke. Zum Nachlaß gehören Wertpapiere, die ein Erbe zum Beispiel verkaufen (,,versilbern‘‘), der andere als gute Anlage behalten will. Besonders schwierig wird es bei Immobilien, bei denen die Erben gemeinsam Entscheidungen treffen müssen, für die in vielen Fällen Einstimmigkeit erforderlich ist.

Vorschlag:
Setzen Sie eine Ihnen genehme Person als *Alleinerben* ein, und bedenken Sie die übrigen Ihnen nahestehenden Personen, verwandt oder nicht verwandt, mit Vermächtnissen. Wichtige Entscheidungen trifft der Erbe allein, außerdem ist er verpflichtet, Ihre Vermächtnisse zu erfüllen. Die so Begünstigten haben mit der Nachlaßabwicklung nichts zu tun und werden den Alleinerben an seine Verpflichtungen erinnern, wenn sie von ihrem Glück wissen. Deshalb kann es sich empfehlen, daß Sie Ihr Testament beim Nachlaßgericht hinterlegen. Dann wird es auf Hinweis des Standesamtes von Amts wegen eröffnet.

Übrigens können Sie auch Ihre Kirche, die Heimatgemeinde oder eine karitative Einrichtung mit einem Vermächtnis bedenken.

→ Die Erben könnten mit erheblicher Erbschaftsteuer belastet werden, da sie den Steuerklassen III oder IV zugehören.

Wichtiges auf einen Blick

● Bei gesetzlicher Erbfolge wären die Verwandten zu Erben berufen. Dabei sind dauerhafte Streitigkeiten vorauszusehen. Eine letztwillige Verfügung ist deshalb dringend zu empfehlen.

● Durch ein Testament können Sie verhindern, daß eine Erbengemeinschaft entsteht. Wenn Sie mehrere Personen begünstigen wollen, so können Sie eine zum Alleinerben, die anderen zu Vermächtnisnehmern einsetzen.

● Pflichtteilsansprüche entstehen nicht.

Alleinstehende mit Abkömmlingen

6

Antworten auf Fragen wie:

Haben Sie an die Zuwendungen zu Lebzeiten gedacht?

Welchen Anspruch haben nichteheliche oder adoptierte Kinder?

Wie ist die Rechtslage bei Pflege- und Stiefkindern?

Was ist mit Erbschaftsteuer und Freibetrag?

Sie sind alleinstehend mit Abkömmlingen:

In diesem Fall führt im allgemeinen auch die gesetzliche Erbfolge zu vertretbaren Ergebnissen. Prüfen Sie dennoch, ob Sie es darauf ankommen lassen wollen.

→ Nach der gesetzlichen Erbfolge hätten Ihre Abkömmlinge die Erbschaft entsprechend ihrer Erbquote aufzuteilen. Allen Kindern steht die gleiche Quote zu, also bei vier Kindern je ein Viertel. Jedes Kind bildet einen Stamm. Ist es bereits verstorben, so treten seine Kinder, Ihre Enkel, an seine Stelle.

Streit kann es geben, wenn Sie einzelnen Kindern schon zu Lebzeiten Zuwendungen gemacht haben. Wenn Sie einem (oder mehreren) Kindern bei der Heirat oder zum Einstieg in das Berufsleben größere Beträge geschenkt haben, so können die anderen Kinder einen Ausgleich verlangen. Das kann auch gelten, wenn Sie Kindern eine gute Ausbildung gegeben haben.

Das alles gilt uneingeschränkt für eheliche und durch Ehe legitimierte Kinder. Es gilt ebenso für *nichteheliche Kinder* beim Tod der Mutter. Es gilt neuerdings auch beim Tod des Vaters, wenn es sonst keine ehelichen Kinder und/oder keinen Ehegatten gibt. Hinterläßt der Vater dagegen außerdem eheliche Kinder und/oder einen Ehegatten, so hat das nichteheliche Kind nur einen „Erbersatzanspruch", der sich der Höhe nach nicht vom Erbanspruch unterscheidet, der aber das nichteheliche Kind von der Verwaltung des Nachlasses ausschließt. Das gilt aber wiederum nur für die Kinder, die *nach* dem 30. Juni 1949 geboren wurden. Ist Ihr nichteheliches Kind *vorher* geboren, so hat es keinerlei gesetzliche Erbansprüche. Hat ein nichteheliches Kind von seinem Vater den

,,vorzeitigen Erbausgleich" verlangt, dann sind alle Erbansprüche einschließlich Pflichtteilsanspruch endgültig erloschen.

Adoptierte Kinder sind ehelichen gleichgestellt. Es entsteht auch ein Verwandtschaftsverhältnis mit Ihren Verwandten. Die verwandtschaftlichen Bindungen an die leiblichen Verwandten des minderjährigen Adoptierten werden dagegen vollständig gekappt. Teilweise anders ist es, wenn das adoptierte Kind bei der Adoption bereits volljährig war. Bei Ihrem Tod hat es aber volles Erbrecht.

Stief- und Pflegekinder haben *kein* gesetzliches Erbrecht und damit auch keinen Anspruch auf einen Pflichtteil.

→ Wenn Sie ein Testament hinterlassen, so können Sie die Erbquote variieren. Sie sind also nicht verpflichtet, alle Kinder gleichmäßig zu bedenken. Sie dürfen aber den Pflichtteil (die Hälfte des gesetzlichen Erbteils) nicht unterschreiten, weil der zurückgesetzte Abkömmling sonst einen ,,Pflichtteilsergänzungsanspruch" hätte. Soweit Sie genauere Anweisungen über die Verteilung des Nachlasses geben, sollten Sie klarstellen, ob diese Zuwendung auf die Erbquote angerechnet werden soll.

Beispiel:

,,Ich setze meine Kinder zu je einem Drittel als Erben ein. Mein ältester Sohn Siegfried soll außerdem das Ackergrundstück ,,An der Flußwiese" erhalten. Dieses soll ihm nicht auf seine Erbquote angerechnet werden."

Eine Ausgleichspflicht für Zuwendungen, die Sie einzelnen Abkömmlingen zu Lebzeiten gemacht haben, gibt es bei letztwilligen Verfügungen nur im Ausnahmefall.

→ Im Hinblick auf die Erbschaftsteuer werden die Abkömmlinge durch einen Freibetrag und günstige Steuerklassen geschont. Bei mehreren Abkömmlingen kann deshalb nur bei größeren Vermögen Erbschaftsteuer anfallen.

Kinder, die bei Ihrem Tod noch nicht älter als 26 Jahre sind, haben einen zusätzlichen Freibetrag, weil bei ihnen unterstellt wird, daß sie wirtschaftlich noch nicht auf eigenen Füßen stehen.

Wichtiges auf einen Blick

● Kinder erben bei gesetzlicher Erbfolge zu gleichen Teilen. Den Anteil bereits verstorbener Kinder teilen sich deren Abkömmlinge. Das gilt für eheliche und nichteheliche, auch für adoptierte Kinder. Es gilt nicht für Stief- und Pflegekinder, die kein Erbrecht haben.

● Wenn die Kinder nicht gleichhohe Erbteile erhalten sollen, oder wenn Sie Vorempfänge ausgleichen wollen, müssen Sie eine letztwillige Verfügung hinterlassen.

● Nichteheliche Kinder haben beim Tode des Vaters nur ein Erbrecht, wenn Sie nach dem 30. Juni 1949 geboren wurden und nicht den vorzeitigen Erbausgleich beansprucht haben. Solche Kinder können Sie aber selbstverständlich testamentarisch bedenken.

Für die neuen Bundesländer gelten Besonderheiten (siehe Seite 124).

Verheiratete ohne Abkömmlinge

7

Antworten auf Fragen wie:

Wird Ihr Ehegatte Alleinerbe?

Wie vermeiden Sie Zwist unter den Verwandten?

Was wird aus dem Hausgrundstück?

Die Praxis verpachten?

Welche Vorteile hat das gemeinschaftliche Testament?

Wie hoch ist der Pflichtteil der Eltern?

Wie hoch sind die Freibeträge bei der Erbschaftsteuer?

Sollten Sie den Nachlaß verringern?

Sie sind verheiratet und haben keine Abkömmlinge:

Sie meinen, Ihre Rechtslage im Erbfall sei problemlos, schließlich verbleibe die gesamte Erbschaft beim überlebenden Ehegatten? Sie irren, und dieser Irrtum könnte Ihnen und Ihrem Ehegatten allerhand Ärger bereiten. Wer kinderlos verheiratet ist und möchte, daß der überlebende Ehegatte Alleinerbe wird, sollte sofort seinen letzten Willen niederlegen. Am besten als gemeinschaftliches Testament mit dem Ehegatten zusammen.

→ Gibt es noch Verwandte der zweiten Ordnung? Dann erbt der überlebende Ehegatte bei *gesetzlicher Erbfolge* nicht allein, ihm steht nur die Hälfte zu und die Hälfte erhöht sich um ein Viertel, wenn die Eheleute im gesetzlichen Güterstand der Zugewinngemeinschaft gelebt haben. Außerdem erhält er zusätzlich den ,,Voraus'', das sind die ,,zum ehelichen Haushalt gehörenden Gegenstände''. Behalten darf er zudem die Hochzeitsgeschenke. Ansonsten aber sind die Geschwister des Verstorbenen, seine Neffen und Nichten mit einem Viertel dabei. Wollen Sie das?

Unangenehm ist nicht nur, daß Verwandte, die Sie vielleicht seit Jahren nicht mehr gesehen haben, ein Viertel der Erbschaft erhalten und den überlebenden Ehegatten mit Geldforderungen in Nöte bringen. Mit der gesetzlichen Erbfolge könnten Sie auch Zwist unter den Verwandten gesät haben, unter denen möglicherweise sehr unterschiedliche Auffassungen darüber bestehen, wem das Viertel eigentlich zusteht. Dies herauszufinden ist, wie wir gesehen haben, bisweilen nicht ganz einfach. Gibt es gleichnahe Verwandte, so müßten die sich das Viertel teilen, und Ihr Gatte hätte nicht nur einen, sondern gleich mehrere Miterben.

Das kann zusätzliche Schwierigkeiten mit sich bringen, weil die Miterbengemeinschaft vielfach zum gemeinsamen Handeln, häufig sogar zur Einstimmigkeit gezwungen ist. Der überlebende Ehegatte hat plötzlich gleich mehrere Blutsverwandte des Verstorbenen mit am Tisch sitzen, die ihr Mitspracherecht ausüben wollen. Denken Sie nur an folgendes: Verteilt werden kann nur, was übrigbleibt, nachdem die Nachlaßschulden beglichen sind. Was aber sind Nachlaßschulden? Für den überlebenden Ehegatten kann das anders aussehen als für die Verwandten, die in erster Linie eine schöne Summe Geld heraushaben möchten.

Sind Sie gemeinsam mit dem Ehegatten Eigentümer eines Hausgrundstücks, so sind besondere Probleme bei gesetzlicher Erbfolge nahezu unausweichlich. In den Nachlaß fällt nur die Hälfte des Verstorbenen, dennoch sind die miterbenden Verwandten mit einem Bruchteil am Grundstück beteiligt. Wenn der überlebende Gatte die Fenster erneuern, das Dach decken oder eine Wohnung neu vermieten will, braucht er die Zustimmung der Miterben. Natürlich wird er versuchen, sie auszuzahlen. Hat er dafür überhaupt Geld? Und welcher Betrag ist angemessen? Das hängt ab vom Wert des Grundstücks, über den man endlos streiten kann. Selbst ein Sachverständigen-Gutachten gibt nicht immer hinreichend sichere Auskunft. Wenn es keine Einigung gibt, dann kann die Eigentümergemeinschaft am Ende nur durch eine Zwangsversteigerung aufgelöst werden, und Ihr Gatte bangt um seine Wohnung. Dazu sollten Sie es nicht kommen lassen.

Achtung:
Wenn Sie Grundbesitz im Ausland haben, ist es nicht in allen Fällen sicher, daß die Grundstücke nach deutschem Recht vererbt werden. Es gibt ausländische Rechtsordnungen, die auf dem Vorrang ihrer Vorschriften bestehen. Wenn Sie Ärger aus dem Wege gehen wollen, müssen Sie bei einem Notar ,,vor Ort" eine testamentarische Verfügung nach den dort geltenden Regeln verfassen.

Haben Sie einen Betrieb oder eine freiberufliche Praxis? Auch dann sollten Sie die gesetzliche Erbfolge möglichst ausschließen. Wenn Ihr Gatte überlebt, wird er versuchen, zu verpachten oder zu verkaufen. Dabei ist er vielleicht bereit, Abschläge beim Preis hinzunehmen gegen eine günstige monatliche Pacht oder gegen andere Vorteile. Die Verwandten als Miterben wollen wahrscheinlich nur möglichst viel Bargeld und streiten über den Wert der Praxis, den sie nicht beurteilen können.

→ Durch eine letztwillige Verfügung sollten Sie deshalb den Gatten zum *Alleinerben* einsetzen. Wenn auch Ihr Ehegatte Vermögen hat, dann könnten Sie ein gemeinschaftliches Testament verfassen und sich wechselseitig zu Alleinerben bestimmen. Dann bleibt der Überlebende alleiniger Herr über die Erbschaft. Wenn Sie Verwandte haben, denen Sie etwas zukommen lassen wollen, so setzen Sie Vermächtnisse aus. Der Begünstigte hat einen Anspruch gegen den Alleinerben, kann ihm aber nicht in die Nachlaßverwaltung hineinregieren. Er muß deshalb nicht weniger erhalten, denn Sie können auch ein Vermächtnis als Geldanspruch in Höhe einer Quote anordnen (,,Quotenvermächtnis'').

Beispiel:

,,Meinem Neffen vermache ich einen Geldbetrag in Höhe eines Viertels vom gesamten Nachlaß.''

Wenn Sie wollen, daß das Vermögen, das Sie mit dem Gatten erworben haben, unter den Verwandten beider Seiten aufgeteilt wird, dann sollten Sie Ihre und Ihres Gatten Verwandte als Schlußerben benennen.

Beispiel:

,,Wir setzen uns wechselseitig zu Alleinerben ein. Nach dem Tod des Längstlebenden von uns soll der gesamte Nachlaß unter meinem Neffen Nikolaus und Lieselotte, der Lieblingsnichte meiner Frau, aufgeteilt werden.''

Je ein Verwandter zweiten Grades ist als Schlußerbe zur Hälfte eingesetzt.

Beim gemeinschaftlichen Testament kann der überlebende Ehegatte über das ererbte Vermögen zu seinen Lebzeiten nach Belieben verfügen. Die Erbeinsetzung zugunsten des Neffen und der Nichte kann aber nach dem Tod eines Gatten nicht mehr einseitig geändert werden.

Achtung:

Wenn Ihre Eltern noch leben, so steht ihnen bei gesetzlicher Erbfolge das Viertel zu. Haben Sie den Gatten durch letztwillige Verfügung zum Alleinerben eingesetzt, so könnten Ihre Eltern einen Pflichtteilsanspruch in Höhe von höchstens je einem 16tel geltend machen. Das können Sie nicht ändern, es sei denn, Ihre Eltern verzichten auf den Pflichtteil, was nur durch notarielle Beurkundung möglich ist.

Einen *Scheidungsvorbehalt* brauchen Sie in das gemeinschaftliche Testament nicht aufzunehmen. Es verliert automatisch seine Gültigkeit, wenn Sie rechtskräftig geschieden wurden oder wenn Sie einen begründeten Scheidungsantrag gestellt haben. Es genügt auch, daß Ihr Gatte den Scheidungsantrag gestellt und Sie ihm zugestimmt haben.

Geschiedenenunterhalt: Wenn Sie geschieden sind und Ihrem früheren Gatten Unterhalt zahlen müssen, dann geht diese Unterhaltsverpflichtung auf den oder die Erben über. Die Erben müssen aus dem Nachlaß weiterzahlen, allerdings niemals mehr als den Pflichtteil, den der geschiedene Ehegatte hätte beanspruchen können, wenn die Ehe *nicht* geschieden worden wäre.

→ Im Hinblick auf die Erbschaftsteuer ist es ungünstig, einen Alleinerben einzusetzen; Streuung ist günstiger. Dem überlebenden Ehegatten steht ein Freibetrag von 250 000 DM zu. Außerdem kann er den ,,Versorgungsfreibetrag'' in Höhe von wiederum 250 000 DM beanspruchen. Dieser Versorgungsfreibetrag wird aber gekürzt, wenn der Ehegatte aus Anlaß des Todes des Erblassers Witwen-/Witwergeld oder Witwen-/Witwerrente erhält. Dabei wird der Kapitalwert der Witwen-/Witwerversorgung nach den Grundsätzen des Bewertungsgesetzes festgestellt.

Der Hausrat ist bis zu einem Höchstbetrag von 40 000 DM steuerfrei, für andere bewegliche Gegenstände (nicht Geld und Schmuck) gibt es einen Freibetrag bis 5 000 DM. Immobilien werden mit dem Einheitswert plus 40 Prozent angesetzt, was besonders günstig ist.

Achtung:
In den neuen Bundesländern gelten noch die Einheitswerte aus dem Jahre 1935.

Bei der Berechnung des Nachlaßwertes sind die Schulden des Erblassers und die Erbfallverbindlichkeiten abzuziehen.

Schenkungen des Verstorbenen an den überlebenden Ehegatten werden bei der Erbschaftsteuer berücksichtigt, wenn sie zum Todeszeitpunkt weniger als zehn Jahre zurückliegen.

Wichtig:
Die ,,unbenannte Zuwendung'' unter Eheleuten ist nicht steuerpflichtig (siehe Kapitel 4, Seite 77 f.).

→ Was können Sie zur Vorsorge sonst noch tun?
In den Nachlaß fällt nur, was dem Verstorbenen gehörte. Legen Sie deshalb fest, welcher Ehegatte Eigentümer welchen Vermögens ist. Das gilt auch für Sparkonten, Wertpapierdepots oder Beteiligungen, die Ihnen und Ihrem Ehegatten *gemeinsam* zustanden. Das können Sie außerhalb des Testaments durch ein Gespräch mit Ihrer Hausbank klarstellen.

Wenn Sie im gesetzlichen Güterstand der Zugewinngemeinschaft leben, sollten Sie auch an eine Aufstellung mit dem
beiderseitigen Anfangsvermögen denken. Darin sind insbesondere auch ererbte Vermögensgegenstände aufzuführen.
Solche Klarstellungen können den Pflichtteilsanspruch der
Eltern ebenso wie die Erbschaftsteuer reduzieren.

Wichtiges auf einen Blick

- Bei gesetzlicher Erbfolge und gesetzlichem Güterstand der
  Zugewinngemeinschaft erben neben dem Ehegatten Verwandte der zweiten Ordnung (Geschwister, Neffen, Nichten) ein Viertel. Dann entsteht eine Miterbengemeinschaft,
  die für den überlebenden Ehegatten unangenehme Folgen
  haben kann. Es empfiehlt sich deshalb, daß Sie den Ehegatten durch Testament zum Alleinerben einsetzen. Verwandte können Sie durch Vermächtnisse begünstigen.

- Wenn Sie geschieden sind und Unterhalt an den früheren
  Ehegatten zahlen müssen, dann geht diese Verpflichtung
  auf den oder die Erben über.

- Bedenken Sie, daß in den Nachlaß nur fällt, was dem Verstorbenen gehörte. Wenn Sie Vermögenswerte gemeinsam
  mit dem Ehegatten halten, so zählt nur Ihr Anteil zum
  Nachlaß. Das sollte auch mit Rücksicht auf die Erbschaftsteuer bedacht werden.

Verheiratete mit Abkömmlingen

8

Antworten auf Fragen wie:

Wie wird der Nachlaß bei der gesetzlichen Erbfolge aufgeteilt?

Welche Probleme können durch eine Miterbengemeinschaft entstehen? Wie können Sie diese umgehen?

Können Sie Pflichtteilsansprüche vermeiden?

Wann sollten Sie ein Nießbrauchsrecht einräumen?

In welchen Fällen ist die Benennung eines Testamentsvollstreckers sinnvoll?

Haben Sie an die Ausgleichspflichten bei Vorempfängen gedacht?

Wie versehen Sie den Ehegatten mit den notwendigen Barmitteln?

Sie sind verheiratet und haben Abkömmlinge:

Wer die gesetzliche Erbfolge näher betrachtet, der kann erkennen, daß unser Recht ausgangs des 19. Jahrhunderts konzipiert worden ist. Es versucht, für den Regelfall eine Antwort zu geben und begünstigt deshalb die damals noch übliche Großfamilie, Eltern, Kinder und Großeltern. Dabei läßt es aber die Großeltern zurücktreten, wenn Kinder vorhanden sind.

Wenn Sie Kinder oder Enkel haben, dann könnten Sie es bei der gesetzlichen Erbfolge belassen, denn sie wird der Interessenlage der Beteiligten vielfach gerecht. Dennoch sollten Sie überlegen, ob eine testamentarische Verfügung sinnvoll erscheint. Jedenfalls könnten Sie die Situation des überlebenden Ehegatten durch bestimmte zusätzliche Maßnahmen verbessern.

→ Nach der *gesetzlichen Erbfolge* erbt der überlebende Gatte neben den Kindern. Wenn Sie im gesetzlichen Güterstand der Zugewinngemeinschaft leben, erhält der Gatte die Hälfte des Nachlasses und die Haushaltsgegenstände, die Kinder bekommen gemeinsam ein Halb, wenn der Gatte den pauschalen Zugewinnausgleich wählt. Sind Kinder schon verstorben, so geht ihr Anteil auf ihre Kinder über. Alle anderen Verwandten, auch die Eltern und die Großeltern sind von der gesetzlichen Erbfolge ausgeschlossen. Bei der Zugewinngemeinschaft kann der überlebende Ehegatte statt des pauschalen Zugewinnausgleichs auch den errechneten Zugewinn fordern. Dann muß er die Erbschaft ausschlagen, den „kleinen" Pflichtteil fordern und auf Berechnung des Zugewinns bestehen. Das lohnt sich nur, wenn der Zugewinn des verstorbenen Ehegatten hoch, der des überlebenden Ehegatten niedrig ist.

Wenn Sie mit Ihrem Gatten Gütertrennung vereinbart haben, dann bekommt der Überlebende nur ein Viertel, wenn er neben drei Kindern erbt, ein Drittel neben zwei Kindern und die Hälfte neben einem Kind.

Warum könnte ein Testament dennoch sinnvoll sein? Bei gesetzlicher Erbfolge bilden der überlebende Gatte und die Kinder (oder Enkel) eine Erbengemeinschaft. Die daraus resultierenden *Probleme* sind bereits angesprochen worden:

- Bei der Verwaltung des Nachlasses ist häufig Einstimmigkeit der Miterben erforderlich, in manchen Fällen genügt Stimmenmehrheit, die sich nach der Erbquote richtet. Nur bei unbedingt notwendigen Erhaltungsmaßnahmen (zum Beispiel nach einem Rohrbruch steht der Keller unter Wasser) kann auch ein Miterbe allein handeln.

- Die finanziellen Lasten müssen die Miterben gemeinsam tragen, wiederum nach ihrer Erbquote. Wenn das Mietshaus ein neues Dach braucht, müssen alle der Reparatur zustimmen, aber auch alle bezahlen. Ihren 20jährigen Enkel, der Jura studiert, läßt der Zustand des Hauses vielleicht kalt. Er hat kein Geld, er möchte vielmehr möglichst bald seinen Anteil haben.

- Der Gebrauch der Nachlaßgegenstände steht allen Miterben gemeinsam zu. Soll der überlebende Ehegatte jetzt mit einem Kind um die Benutzung des Pkws streiten?

- Auch bei Verfügungen über Nachlaßgegenstände ist Einstimmigkeit erforderlich. Will die Mehrheit ein wertvolles Bild verkaufen, um ,,flüssig'' zu werden, und es stellt sich einer quer, dann muß er bei Gericht auf Zustimmung verklagt werden! Gehört zum Nachlaß ein Wertpapierdepot, das ein sachkundiger Miterbe verwaltet, so müßte er bei jedem Verkauf die Zustimmung aller Miterben erreichen.

● Unser Recht geht davon aus, daß die Miterben den Nachlaß alsbald verteilen und ihre Miterbengemeinschaft damit auflösen. Dazu müssen sie die Nachlaßgegenstände „versilbern", nämlich verkaufen, Grundstücke notfalls zwangsversteigern lassen. Manches, was für den überlebenden Gatten einen ideellen Wert hat, womit er persönliche Erinnerungen verbindet, müßte veräußert werden.

● Bei der Auseinandersetzung hilft kein Nachlaßgericht. Unser Erbrecht setzt vielmehr ganz auf die Vernunft der Miterben. Erst wenn sie sich partout nicht einigen können, dann müssen sie sich gegenseitig verklagen. Auch keine schöne Aussicht.

→ Wenn Sie das alles vermeiden wollen, so sollten Sie den überlebenden Ehegatten durch Testament oder Erbschaft zum *Alleinerben* bestellen. Das kann geschehen durch gemeinschaftliches Testament, in dem sich die Eheleute wechselseitig zu Alleinerben einsetzen. Durch eine besondere Variante, nämlich das „Berliner Testament", setzen sie die gemeinsamen Kinder als *Schlußerben* ein.

Im Ergebnis hätten Sie damit die gemeinsamen Kinder für den ersten Todesfall *enterbt*. In den meisten Fällen werden die Kinder (oder Enkel) dies hinnehmen, weil sie wissen, daß ihnen die Erbschaft später ganz zufällt. Sie könnten aber nach dem Tod des erstversterbenden Ehegatten ihren Pflichtteil geltend machen. Das wäre unangenehm, aber immer noch das kleinere Übel. Wer seinen Pflichtteil verlangt, ist *kein* Miterbe. Er hat deshalb mit der Verwaltung und Auseinandersetzung der Erbschaft nichts zu tun. Das ist der wichtigste Unterschied. Zum anderen ist der Pflichtteil nur halb so groß wie die gesetzliche Erbquote.

Können Sie verhindern, daß ein Abkömmling nach dem Tod des erstversterbenden Ehegatten den Pflichtteil geltend macht? Nein, Sie können allenfalls versuchen, den Abkömmling durch weitere finanzielle Nachteile davon abzuhalten, den Pflichtteil zu beanspruchen. Die übliche Klausel lautet:

Beispiel:

,,Wir setzen uns gegenseitig zu Alleinerben ein. Sollte ein Abkömmling nach dem Tod des Erstversterbenden von uns seinen Pflichtteil geltend machen, so wird er auch beim Tod des Längstlebenden auf den Pflichtteil gesetzt."

Damit wird der gierige Abkömmling auch im zweiten Todesfall auf den Pflichtteil gesetzt. Das sollte ihn zumindest zum Nachdenken anregen. Die Notare haben weitere Formulierungen entwickelt, die letztlich das gleiche Ziel erstreben. Keinen Anspruch auf den Pflichtteil hat, wer auf sein Erbteil verzichtet hat. Das muß notariell geschehen.

Anstatt den überlebenden Ehegatten zum Alleinerben zu bestimmen, können Sie ihn auch zum *Vorerben* einsetzen, die Abkömmlinge zu *Nacherben*. Pflichtteilsansprüche sind auch dann möglich. Wird der überlebende Gatte nicht befreiter Vorerbe, so benötigt er für eine Reihe von Rechtsgeschäften die Zustimmung der Nacherben.

Wenn Sie Eigentümer eines kleinen Häuschens sind, das Sie mit Ihrem Ehegatten selbst bewohnen, so sollten Sie auch ein lebenslanges *Nießbrauchsrecht* zugunsten des überlebenden Gatten in Betracht ziehen. Das empfiehlt sich insbesondere, wenn Sie und Ihr Ehepartner schon in fortgeschrittenem Alter stehen. Dann geht das Eigentum an dem Häuschen schon beim ersten Todesfall auf die Abkömmlinge über, die insoweit Erben werden und deshalb keine Pflichtteilsansprüche geltend machen können. Der überlebende Ehegatte erhält ein im Grundbuch eingetragenes Nießbrauchsrecht. Er darf das Häuschen bis zu seinem Lebensende unentgeltlich nutzen, muß aber solange auch die Lasten (Grundsteuer, Kanalgebühren etc.) tragen. Er darf das Häuschen ohne Zustimmung der Erben selbstverständlich nicht veräußern und kann es auch nicht mit Hypotheken etc. belasten. Mit dem Tod des überlebenden Ehegatten erlischt das Nießbrauchsrecht und die Erben können frei verfügen.

Nicht immer wird es möglich sein, daß Sie den überlebenden Ehegatten zum Alleinerben bestimmen. Soweit Sie mehrere Erben einsetzen, sollten Sie die denkbaren Streitfälle begrenzen. Nutzen Sie die *Teilungsanordnung*. Dann können Sie Ihren Betrieb dem begabten Sohn überlassen. Endgültig Herr im Haus ist Ihr Sohn aber erst nach der Auseinandersetzung der Erbengemeinschaft. Bis dahin könnten sich für Ihr Unternehmen große Schwierigkeiten ergeben, denn dort sind täglich Entscheidungen zu treffen. Wenn Sie auch für die Zwischenzeit alle Risiken ausschließen wollen, sollten Sie einen *Testamentsvollstrecker* benennen, etwa eine langjährige Führungskraft aus dem Betrieb. Der Testamentsvollstrecker handelt aus eigenem Recht und braucht nicht die Zustimmung der Erben. Die Aufgabe des Testamentsvollstreckers endet allerdings im allgemeinen mit der Auseinandersetzung des Nachlasses. Wenn Ihr Sohn aber noch jung und geschäftlich etwas unerfahren ist, so können Sie die Testamentsvollstreckung längere Zeit fortdauern lassen.

Gibt es mehrere Erben, so vergessen Sie nicht, dem Ehegatten die *Haushaltsgegenstände* gesondert zu vererben, ohne Anrechnung auf den Erbteil.

Wenn mehrere Kinder Miterben sind, so müssen Sie wiederum an die Ausgleichspflicht von *Vorempfängen* denken. Sie können einzelnen Kindern zu Ihren Lebzeiten größere Zuwendungen gemacht haben, die über die üblichen Anstandsschenkungen hinausgehen. Sie sollten klarstellen, ob diese Zuwendungen auf die Erbquote angerechnet werden sollen.

Sie sind keineswegs verpflichtet, Kinder gleichmäßig zu bedenken. Das Erbrecht läßt Ihnen vielmehr die Möglichkeit, zu bevorzugen und zurückzusetzen. Allerdings dürfen Sie dabei die Pflichtteile nicht unterschreiten.

Wenn Sie ein behindertes Kind haben, so werden Sie bestrebt sein, es für die Zukunft so weit wie möglich abzusichern. Muß das Kind in einem Pflegeheim untergebracht werden, so entstehen hohe Kosten. Hinterlassen Sie dem Kind ein kleineres Vermögen, wird der Sozialhilfeträger versuchen, auf diese Ersparnisse Zugriff zu erhalten. Dann ist der finanzielle Rückhalt schnell verbraucht. Hier wurde schon erfolgreich versucht, das Vermögen am Kind vorbei einer gemeinnützigen Organisation zuzuführen, die sich verpflichtete, das Kind lebenslang zu pflegen. Der Versuch des Sozialhilfeträgers, das Testament als sittenwidrig anzufechten, ist fehlgeschlagen (BGH, Urteil vom 21. 03. 1990, AZ.: IV ZR/169/89). Allerdings handelte es sich auch nur um einen Betrag von 31 000 DM. Ob der Bundesgerichtshof genauso entscheiden würde, wenn die Summe deutlich höher gewesen wäre, muß derzeit offenbleiben.

→ Zur Erbschaft- und Schenkungsteuer lesen Sie bitte die Ausführungen im 4. Kapitel. Zur Erinnerung: Die ,,unbenannte Zuwendung'' unter Ehegatten während der Ehe ist nicht schenkungsteuerpflichtig.

→ Wenn Sie die Abkömmlinge beim ersten Todesfall ,,enterben'', so sollten Sie auch etwaige Pflichtteilsansprüche nicht vergessen. Zwei Wege bieten sich an, auf denen Sie den überlebenden Gatten mit den erforderlichen finanziellen Mitteln versehen können: Sie können eine Schenkung auf den Todesfall notariell vereinbaren; bis zu Ihrem Ableben bleibt das Geld bei Ihnen. Oder Sie schließen eine Lebensversicherung für den anderen Ehegatten auf Ihr Leben ab. Die Summe wird fällig bei Ihrem Tod und kann dazu verwandt werden, Pflichtteilsansprüche zu befriedigen. Sie gehört nicht zum Nachlaß und ist auch nicht erbschaftsteuerpflichtig.

Wichtiges auf einen Blick

- Bei gesetzlicher Erbfolge entsteht beim Tod des ersten Ehegatten eine Erbengemeinschaft zwischen dem Überlebenden und den Abkömmlingen. Es kann sich empfehlen, dies durch Testament oder Erbvertrag zu vermeiden.

- Wenn sich die Gatten durch Testament wechselseitig zu Alleinerben einsetzen, so haben die Abkömmlinge beim Tod des erstversterbenden Gatten Pflichtteilsansprüche. Dies läßt sich letztlich nicht umgehen. Allerdings können die Gatten durch verschiedene Fallgestaltungen Druck auf die Kinder ausüben, daß sie den Pflichtteil nicht geltend machen. Es gibt auch die Möglichkeit, den überlebenden Ehegatten mit finanziellen Mitteln zu versehen, damit er etwaige Pflichtteilsansprüche befriedigen kann.

- Unter den Kindern können Sie durch Teilungsanordnungen Streit vermeiden helfen. Wenn Sie Ihren Willen langfristig durchsetzen wollen, sollten Sie über eine Testamentsvollstreckung nachdenken. Soweit Sie Abkömmlinge schon zu Lebzeiten begünstigt haben, können Sie im Todesfall ausgleichen.

- Wenn Sie ein behindertes Kind haben, sollten Sie mit einem Notar über ein ,,Behindertentestament'' sprechen.

Nichteheliche Lebensgemeinschaft

9

Antworten auf Fragen wie:

Wer steht bei gesetzlicher Erbfolge an erster Stelle?

Wie können Sie Ihren Lebenspartner beim Nachlaß berücksichtigen? Welche Rechte hat er?

Welche Ansprüche haben Abkömmlinge?

Sind Sie noch verheiratet?

Was verlangt der Fiskus?

Wie können Sie vorsorgen?

Sie leben in nichtehelicher Lebensgemeinschaft:

Schon der Begriff „nichteheliche Lebensgemeinschaft" beweist, daß den Juristen die ganze Sache in hohem Maße suspekt ist. Statistiken allerdings haben nachgewiesen, daß außereheliche Verbindungen immer häufiger werden. Inzwischen sollen Hunderttausende in Deutschland in nichtehelichen Lebensgemeinschaften leben, und es werden immer mehr. Das Recht hat mit dieser Entwicklung leider nicht Schritt gehalten. Ganz vorsichtig und eher widerwillig haben sich die Gerichte dem Phänomen genähert. Sie haben es allerdings auch nicht einfach, denn unser BGB kennt ein solches Institut nicht. Auch im Erbrecht werden deshalb Partner einer solchen Verbindung, selbst wenn sie jahrzehntelang zusammengelebt haben, wie Fremde behandelt. Unser Recht bietet auch nur wenige Möglichkeiten, wie sich die Lebenspartner gegenseitig begünstigen könnten, und die Erbschaftsteuer schlägt unbarmherzig zu. Manchen Fachleuten fällt deshalb dazu nichts anderes ein, als den Partnern einer nichtehelichen Lebensgemeinschaft die Heirat zu empfehlen.

→ Wenn Sie es bei der *gesetzlichen Erbfolge* belassen, so wird der Partner leer ausgehen, der Großneffe, den Sie nur zweimal gesehen haben, geht vor, selbst entfernteste Verwandte sind vorrangig. Wenn die Blutsverwandten nicht zu ermitteln sind, so bestellt das Nachlaßgericht einen Nachlaßpfleger, dessen Aufgabe es ist, die Angehörigen zu ermitteln. Er fordert die Verwandten im Bundesanzeiger auf, sich zu melden. Die Vorstellung, daß Ihr Hab und Gut an eine Person geht, die Sie vielleicht nie gesehen haben oder noch schlimmer, an den Staat, wird Sie wahrscheinlich nicht erfreuen.

Aus dem Bundesanzeiger

Amtsgericht Rosenheim [37 678]
Öffentliche Aufforderung
VI 0432/91:
Am 10. 08. 1991 **verstarb Charlotte Käthe Winterling geb. Tretsch,** geb. am 30. 09. 1899 in Leipzig, zuletzt wohnhaft Friedrich-Ebert-Str. 14, **8208 Kolbermoor.** Erben konnten nicht ermittelt werden. Alle Personen, denen Erbrechte am Nachlaß zustehen, werden aufgefordert, diese Rechte binnen 6 Wochen ab Veröffentlichung beim Nachlaßgericht Bad Aibling anzumelden, andernfalls gemäß § 1964 BGB festgestellt wird, daß ein anderer Erbe als der bayerische Fiskus nicht vorhanden ist.

Der Reinnachlaß soll etwa 1 360 DM betragen.

8202 Bad Aibling, den 25. März 1992

Amtsgericht

Berlin, Amtsgericht Schöneberg [67 218]
161 VI 688/91:

Der am 21. 05. 1896 in Neubrandenburg geborene, zuletzt in **Berlin 41,** Am Fenn 16 wohnhaft gewesene **Hermann Karl Wilhelm Werner Wessel** ist am 07. 02. 1988 **verstorben.** Als gesetzl. Miterben kommen die Abkömmlinge seiner Großeltern mütterlicherseits — Johann Ritzow und Wilhelmine geb. Burmeister — in Frage. Diese hatten eine Tochter Bertha Johanna Wilhelmine Wessel geb. Ritzow (Mutter des Erblassers), geb. am 05. 12. 1868 und verstorben am 09. 01. 1951.

Gesucht werden eventuelle Geschwister und deren Abkömmlinge von Bertha Johanna Wilhelmine Wessel geb. Ritzow.

Diese werden aufgefordert, ihre Erbrechte innerhalb von 6 Wochen ab Veröffentlichung beim AG Schöneberg anzumelden, andernfalls sie bei der Erteilung des hier beantragten Erbscheins unberücksichtigt bleiben.

Amtsgericht Schöneberg

→ Nur durch eine *letztwillige Verfügung* können Sie dieses Ergebnis verhindern. Sie (und Ihr Partner) können ein Testament machen, allerdings kein gemeinschaftliches, das nur Eheleuten vorbehalten ist. Wenn Sie mit dem Partner wechselseitige Verfügungen treffen wollen, wenn Sie sich beispielsweise gegenseitig zu Alleinerben einsetzen möchten, so müssen Sie einen Erbvertrag schließen (siehe Kapitel 2), der notariell beurkundet werden muß (doppelte Notargebühr!). Bevor Sie diesen Schritt tun, bedenken Sie bitte: Haben Sie aus einer früheren Verbindung Kinder, so haben die Abkömmlinge Pflichtteilsansprüche. Gleiches gilt, wenn Ihre Eltern noch leben. Werden diese Ansprüche geltend gemacht, so verbleibt dem Partner nur die Hälfte des Nachlasses (immerhin!). Ausschließen können Sie die Pflichtteile nur, wenn Sie die Berechtigten zum *Verzicht* auf den Pflichtteil bewegen können. Auch dies muß notariell geschehen. Bei den Eltern mag dies noch angehen, die Abkömmlinge werden nur selten dazu bereit sein und wahrscheinlich nur, wenn Sie es Ihnen durch kräftige Zahlungen zu Ihren Lebzeiten schmackhaft machen können.

Wenn Sie den Partner durch Testament oder Erbvertrag zum Alleinerben machen, so muß er sich mit den Verwandten bei der Verwaltung des Nachlasses nicht auseinandersetzen. Er muß nur die Pflichtteilsansprüche befriedigen. Diese Lösung könnte sich insbesondere in solchen Fällen empfehlen, in denen die Kinder Ihrem späteren Partner mit Mißtrauen begegnet sind. Im übrigen können Sie Ihre Kinder als Schlußerben einsetzen. Dann fällt das von Ihnen vererbte Vermögen letztlich den Kindern zu, aber zu seinen Lebzeiten kann der Partner mit dem ererbten Vermögen nach Gutdünken verfahren. Er darf die Schlußerben nur nicht zielgerichtet beeinträchtigen. Die Rechtsprechung sagt: Wenn der Ersterbe für seine Verfügungen ein vertretbares Eigeninteresse geltend machen kann, dann kann von einer zielgerichteten Beeinträchtigung des Schlußerben nicht gesprochen werden.

In diesen Fällen sollten Sie Ihr Vermögen auch einigermaßen umschreiben. Bedenken Sie bitte, daß Sie der Partner um mehrere Jahre überleben kann. Dann wird es außerordentlich schwierig festzustellen, was zur Erbschaft gehörte, und es kann zum Streit mit den Erben des Partners kommen (dessen Kindern oder Verwandten).

Wenn Sie den Partner und die Kinder zu Miterben machen möchten, so können Sie die Erbquoten der Kinder verringern; dabei dürfen Sie aber den Pflichtteil nicht unterschreiten.

Falls Sie sich zu einem Erbvertrag entschließen, sollten Sie (und Ihr Partner) sich ein *Rücktrittsrecht* vorbehalten. Nichteheliche Lebensgemeinschaften können täglich ohne Angabe von Gründen aufgelöst werden.

Wenn Sie am Erbrecht Ihrer Kinder nicht rütteln wollen, so könnten Sie dem Partner ein *Vermächtnis* aussetzen. Auch ein Quotenvermächtnis bis zur Hälfte des Nachlasses wäre möglich. Dann sollten Sie dem Partner aber sagen, wie groß die Erbschaft voraussichtlich sein wird. Der Vermächtnisnehmer kennt ja den Nachlaß nicht und ist auf die Angaben des oder der Erben angewiesen.

Nun ist es allerdings möglich, daß Sie noch verheiratet sind und vielleicht seit vielen Jahren getrennt leben. Aus Gründen, die hier keine Rolle spielen, ist es nicht zur Scheidung gekommen. Dürfen Sie Ihren nichtehelichen Lebenspartner zum Alleinerben einsetzen? Dürfen Sie ihn überhaupt großzügig bedenken? In der Vergangenheit hat die höchstrichterliche Rechtsprechung diese Frage verneint. Sie war der Ansicht, ein Testament, mit dem ein verheirateter Mann seine Geliebte zur hauptsächlichen Erbin einsetzte (,,Mätressentestament'') und die Ehefrau überging, sei *sittenwidrig*. Mit einer heute kaum noch nachvollziehbaren Vehemenz haben die Richter des Bundesgerichtshofs ,,ihr eigenes Weltbild in die Sterne geschrieben'', wie ein Kritiker meinte. Die testamentarische Begünstigung der Geliebten sei sittenwidrig, so meinten sie, wenn der Mann damit den außerehelichen Geschlechtsverkehr belohnen wolle (BGH, Urteil vom 31. 03. 1970, AZ.: III ZB/23/68).

Dieses finstere Kapitel der Nachkriegsrechtsprechung ist Geschichte. Dennoch sind Einsetzungen des nichtehelichen Lebenspartners bei Fortbestehen der Ehe nicht schrankenlos möglich. Die Gerichte wägen ab. Nach wie vor können Bedenken gegen die Begünstigung des nichtehelichen Lebenspartners bestehen, wenn der Erblasser seine Ehefrau/Ehemann und/oder die ehelichen Abkömmlinge enterbt. Es ist neuerdings vorgekommen, daß die Gerichte solche letztwilligen Verfügungen, als *teilweise* sittenwidrig bezeichnet haben. Dabei spielen die Dauer und die Festigkeit der nichtehelichen Beziehung eine Rolle. Gründliches Abwägen aller Umstände tut not.

→ Steuerlich wird der überlebende Partner behandelt wie ein Fremder. Er gehört der schlechtesten Steuerklasse (IV) an und hat einen Freibetrag von nur 3 000 DM. Die Gegenstände aus dem gemeinsamen Haushalt bleiben bis zu einem Betrag von höchstens 10 000 DM steuerfrei. Sie müssen also mit erheblichen Belastungen des überlebenden Partners rechnen.

→ Deshalb sollten Sie überlegen, ob Sie durch eine Schenkung auf den Todesfall oder durch Abschluß einer Versicherung auf Ihr Leben dafür sorgen, daß dem Partner im Todesfall zusätzliche Mittel zur Verfügung stehen (siehe Kapitel 8).

Wichtiges auf einen Blick

● Bei gesetzlicher Erbfolge hat der nichteheliche Lebenspartner keinerlei Erbrechte. Daran wird der Gesetzgeber in absehbarer Zeit nichts ändern. Wenn Sie Ihren Lebenspartner, mit dem Sie nicht verheiratet sind, begünstigen wollen, müssen Sie das durch eine letztwillige Verfügung tun. Die Rechtsprechung, nach der Testamente zugunsten der „Geliebten" als sittenwidrig und deshalb nichtig galten, ist heute weitgehend aufgegeben. Wenn Sie aber außerdem einen Ehegatten oder Abkömmlinge hinterlassen, sollten Sie mit einem versierten Notar sprechen.

● Die Erbschaftsteuer schlägt beim nichtehelichen Lebenspartner unerbittlich zu. Deshalb sollten Sie besonders intensiv prüfen, welche Vermögenswerte überhaupt in den Nachlaß fallen. Was Ihrem Lebenspartner schon zu Ihren Lebzeiten zustand, gehört nicht zur Erbschaft. Denken Sie auch über Begünstigungen durch Lebensversicherungen oder Bankverfügungen nach.

● Wenn Sie mit dem nichtehelichen Lebenspartner einen Erbvertrag schließen, was sich empfehlen kann, dann sollten Sie sich ein Rücktrittsrecht für den Fall vorbehalten, daß die Lebensgemeinschaft zerbricht.

Ihre Rechte als Erbe 10

Antworten auf Fragen wie:

Sind Schulden vererbbar?

Müssen Sie eine Erbschaft annehmen?

Wie können Sie die Haftung auf den Nachlaß beschränken?

Können Sie die Ausschlagung einer Erbschaft später nochmals anfechten?

Brauchen Sie einen Erbschein?

Können Sie Auskunft verlangen?

Müssen Sie Auskunft erteilen?

Erben — wer möchte das nicht? Doch auch diese Münze hat zwei Seiten. Zum einen ist der Vorgang mit allerhand Lästigkeiten verbunden. Außerdem kann von der Erbschaft am Ende nichts übrigbleiben, weil der Verstorbene nicht nur Vermögen, sondern auch jede Menge Schulden hinterlassen hat. Wenn Sie nicht aufpassen, so haften Sie gar mit Ihrem Privatvermögen für Nachlaßschulden.

Im Zweifelsfall ausschlagen

Nun gibt es zum Glück ein Mittel, wie Sie allem Ärger aus dem Weg gehen können: Sie brauchen die Erbschaft nur auszuschlagen. Sie erklären gegenüber dem Nachlaßgericht, daß Sie nicht bereit sind, die Erbschaft anzunehmen. Gründe brauchen Sie nicht anzugeben.

Aber Achtung:
Für diese Erklärung haben Sie nur sechs Wochen Zeit, gerechnet vom Zeitpunkt, zu dem Sie vom Anfall der Erbschaft oder von Ihrer Berufung zum Erben Kenntnis erhalten haben. Wenn Sie ausschlagen, dann haben Sie auch keinen Anspruch auf den Pflichtteil (Ausnahme: Ehegatten im gesetzlichen Güterstand).

Wenn Sie sich nicht äußern, das heißt, wenn Sie nicht fristgemäß ausschlagen, gilt die Erbschaft als angenommen. Für die Annahme brauchen Sie sich also nicht zu äußern; das Gesetz unterstellt vielmehr, daß der Schweigende annimmt.

Wer nicht ausschlägt, erhält vom Todeszeitpunkt an die Rechtsstellung des Verstorbenen. Der Alleinerbe beispielsweise tritt in alle Rechte und Pflichten des Erblassers ein. Daraus folgt, daß er für die Schulden des Verstorbenen wie dieser selbst haftet. Als Erbe können Sie die Erbschaft nur insgesamt akzeptieren, mit allen Aktiven und Passiven.

Aus diesem Grund müssen Sie sich *schnell* einen *Überblick* über den Nachlaß verschaffen. Wissen Sie frühzeitig, daß der Nachlaß überschuldet ist, so können Sie sich durch die Ausschlagung aller Sorgen entledigen. Gerade bei größeren Nachlässen ist es schwierig, sich diesen Überblick zu verschaffen. Außerdem gibt es Fälle, in denen ein Erbe aus Gründen der Pietät nicht bereit ist, auszuschlagen; er zahlt die restlichen Schulden des Verstorbenen.

Grundsätzlich gilt:
Der Erbe *haftet* für die Nachlaßverbindlichkeiten *unbeschränkt*, also auch mit seinem Privatvermögen. Er kann aber seine Haftung auf den Nachlaß begrenzen. Tut er dies, so braucht er aus seinem Privatvermögen nichts zuzuzahlen. Die Nachlaßgläubiger müssen sich für ihre Forderungen an den Nachlaß halten. Wenn dieser erschöpft ist, hat das Gezerre ein Ende. Wenn Sie also nicht ausschlagen wollen, aber verhindern möchten, daß Sie mit Ihrem eigenen Vermögen für Nachlaßschulden haften, so müssen Sie Ihre Haftung auf den Nachlaß beschränken.

Welche Nachlaßschulden kann es geben?

- Schulden, die der Erblasser gemacht hat, beispielsweise der noch nicht abgezahlte Kredit.
- Schulden, die durch den Erbfall selbst entstehen, wie beispielsweise die Kosten für das Begräbnis.
- Schulden, die sich aus letztwilligen Verfügungen ergeben (Pflichtteil, Vermächtnisse, Auflagen).

Wie können Sie Ihre Haftung beschränken?

Wenn Sie wissen, daß der Nachlaß überschuldet ist, so müssen Sie *Nachlaßkonkurs* oder *Nachlaßvergleich* beantragen. Der Antrag auf diese Verfahren führt zur Nachlaßbeschränkung.

Wenn es zweifelhaft ist, ob der Nachlaß tatsächlich überschuldet ist, können Sie *Nachlaßverwaltung* beantragen. Sie wird durch das Nachlaßgericht angeordnet und ist im Bundesanzeiger zu veröffentlichen. Auch durch die Nachlaßverwaltung wird die Erbenhaftung auf den Nachlaß beschränkt.

Wenn Sie auch das nicht sicher beurteilen können, so müssen Sie das *Aufgebotsverfahren* durchführen. Dadurch werden die Gläubiger aufgefordert, sich zu melden. Wenn ein Nachlaßgläubiger mehr als fünf Jahre verstreichen läßt, bis er sich meldet, so ist er mit seiner Forderung ausgeschlossen.

Aus dem Bundesanzeiger

Amtsgericht Seesen [36 635]

Aufgebot

C 49/92 – 04. 03. 1992:

Der Rechtsanwalt und Notar Otto Boog, Seesen, hat als Nachlaßprüfer des zwischen dem 01. und 02. 06. 1991 verstorbenen und zuletzt in Langelsheim wohnhaft gewesenen Harald Hartmann das Aufgebot zum Zwecke der Ausschließung von **Nachlaßgläubigern** beantragt. Die Nachlaßgläubiger werden daher aufgefordert, ihre Forderung gegen den Nachlaß des Harald Hartmann spätestens in dem auf den Montag, den 11. Mai 1992, 9.00 Uhr, im Gerichtsgebäude, Zimmer Nr. 116, anberaumten Aufgebotstermin ihre Rechte anzumelden. Die Anmeldung hat die Angabe des Gegenstandes und des Grundes der Forderung zu enthalten. Urkundliche Beweisstücke sind in Urschrift oder in Abschrift beizufügen.

Nachlaßgläubiger, welche sich nicht melden, können unbeschadet des Rechts, von den Verbindlichkeiten aus Pflichtteilsrechten, Vermächtnissen und Auflagen berücksichtigt zu werden, von den Erben nur insoweit Befriedigung verlangen, als sich nach Befriedigung der nicht ausgeschlossenen Gläubiger noch ein Überschuß ergibt. Auch haftet ihnen jeder Erbe nach der Teilung des Nachlasses nur für den seinem Erbteil entsprechenden Teil der Verbindlichkeit. Für Gläubiger aus Pflichtteilsrechten, Vermächtnissen und Auflagen, sowie für die Gläubiger, denen die Erben unbeschränkt haften, tritt bei Nichtmeldung der Rechtsnachteil ein, daß ihnen jeder Erbe nach Teilung des Nachlasses nur für den seinem Erbteil entsprechenden Teil der Verbindlichkeit haftet.

Eine Ausschlagung kann man übrigens anfechten, wenn man sich geirrt hat. Die Problematik hat im Anschluß an die deutsche Vereinigung besondere Bedeutung erlangt. Wer in der Vergangenheit in einem Teil Deutschlands lebte und im anderen etwas erbte, hatte meist nichts davon. Im Westen haben deshalb Personen vielfach ausgeschlagen, obwohl sie wußten, daß zum Nachlaß in der DDR ein Grundstück gehörte. Heute möchten Sie diese Ausschlagung rückgängig machen. Die Anfechtung scheint keineswegs in allen Fällen aussichtslos. Es hat sich dazu aber noch keine feste Rechtsprechung entwickelt.

Einen Erbschein besorgen

Für Außenstehende ist nicht erkennbar, wer den Verstorbenen beerbt hat. Selbst die Ehefrau und die Kinder können enterbt worden sein. Deshalb sind die Banken beispielsweise außerordentlich genau, fast kleinlich, wenn die nächsten Angehörigen erscheinen und über die Konten des Verstorbenen verfügen möchten. Die Kreditinstitute möchten nicht riskieren, daß sie an die falsche Person Auszahlungen vornehmen und sich nachher Schadensersatzforderungen der wahren Erben präsentieren lassen müssen. Sie fordern deshalb die Vorlage eines Erbscheins.

Amtsgericht

Geschäfts-Nr.: 4 VI   6500 Mainz, den 29. Dezember 19

Gemeinschaftlicher— —Erbschein

Die **am** **in** Wallerfangen
geborene, zuletzt in Mainz
wohnhaft gewesene
ist am **in** Mainz
gestorben und beerbt worden von

   ihren Kindern

   1. Thomas Michael   geb. am
                   Straße 18, 6500 Mainz-Laubenheim

   2. Andrea Henriette   geb. am
                   41, 6500 Mainz

   3. Sabine   geb. am
                   straße 41, 6500 Mainz

   4. Ernst Martin   geb. am
                   straße 41, 6500 Mainz

   5. Michael   geb. am
                   straße 41, 6500 Mainz

      – zu je 1/5 Anteil –

                                         gez.
                                         Rechtspfleger

                                         Ausgefertigt:

Herrn Notar   Justizangestellte als
                                         Urkundsbeamtin der
                                         Geschäftsstelle

.Jr UR-Nr.

120

Diesen Erbschein erteilt das zuständige Nachlaßgericht auf Antrag des oder der Erben. Die erforderlichen Angaben sind glaubhaft zu machen. Im allgemeinen werden Sie dazu einen Notar benötigen. Insbesondere müssen Sie Ihre Rechte als Erbe (oder Miterbe) darlegen.

Der Erbschein sagt nicht, daß Sie der wahre Erbe sind (es kann ein Testament auftauchen, von dem alle Beteiligten zunächst nichts wußten!), wohl aber begründet es einen Rechtsschein in diesem Sinne. Das bedeutet vor allem, daß jeder Dritte, der mit dem im Erbschein als Erbe Benannten Rechtsgeschäfte macht, in seinem guten Glauben geschützt wird. Die Bank, die an Sie zahlt, wird von Ihren Verpflichtungen frei. Wer von Ihnen einen Nachlaßgegenstand erwirbt, ist als „gutgläubig" geschützt.

In Baden-Württemberg werden die Erbscheine durch die Notariate erteilt. In den neuen Bundesländern erteilen jetzt die Kreisgerichte den Erbschein. Die örtliche Zuständigkeit richtet sich nach dem letzten Wohnsitz des Verstorbenen. Erbscheine, die vor dem 3. Oktober 1990 durch die staatlichen Notariate der ehemaligen DDR erteilt worden sind, bleiben gültig.

Auskunft muß erteilt werden!

Nur der Erbe, der die Erbschaft in Besitz hat, weiß wirklich, was los ist. Schon der Miterbe, der einige hundert Kilometer entfernt lebt und nur sporadisch zu Besuch kommt, kennt keine Einzelheiten. Im Erbfall gibt es deshalb weitgehende Auskunftspflichten. Auskunftsansprüche, oft sogar weitgehende, haben die Pflichtteilsberechtigten und die Vermächtnisnehmer, auch die Erben untereinander. Andernfalls könnten Sie ihre Rechte gar nicht wahrnehmen. Der Auskunftsanspruch kann gerichtlich durchgesetzt werden.

Wichtiges auf einen Blick

● Sie müssen nicht erben, Sie können binnen sechs Wochen ausschlagen. Dann haben Sie mit der Erbschaft nichts mehr zu tun. Sie haften insbesondere nicht für die Nachlaßschulden.

● Wenn Sie nicht ausschlagen wollen, so müssen Sie aufpassen, daß Sie Ihre Haftung auf den Nachlaß beschränken. Andernfalls haften Sie sogar mit Ihrem Privatvermögen.

● Um sich als Erbe auszuweisen, benötigen Sie im allgemeinen einen Erbschein.

Neue Bundesländer: Was bleibt vom alten Recht?

Welche Besonderheiten gelten nach wie vor?

Auch in den neuen Bundesländern gilt seit dem 3. Oktober 1990 das Erbrecht des Bürgerlichen Gesetzbuches (BGB). Vielen Bürgern müßten die Grundzüge eigentlich noch bekannt sein, denn das BGB galt bis Ende 1975 auch in der ehemaligen DDR. Erst Anfang 1976 ist das Zivilgesetzbuch (ZGB) in Kraft getreten. Jetzt gilt wieder BGB-Recht. Im Erbrecht waren die Unterschiede zwischen ZGB und BGB nicht sonderlich groß, so daß das Umdenken keine unüberwindbaren Schwierigkeiten machen wird.

Aber auch das ZGB-Recht hat nicht jede Bedeutung verloren. Es gilt nämlich fort für alle Erbfälle, die *vor* dem 3. Oktober 1990 eingetreten sind. Ist der Erblasser vor diesem Termin gestorben, so war der Erbfall nach den Vorschriften des ZGB abzuwickeln, und dabei bleibt es jetzt auch noch. Nun liegt der Vereinigungstag noch nicht so weit zurück, daß man alle Erbfälle aus dieser Zeit als bereits abgewickelt betrachten könnte. Späte Nachwirkungen sind zudem in Erbfällen nicht außergewöhnlich. Deshalb werden im folgenden einige Grundlagen des ZGB-Erbrechts dargestellt, vor allem im Hinblick auf die Abweichungen zum BGB.

Auch in der ehemaligen DDR trat die *gesetzliche Erbfolge* ein, wenn kein Testament vorlag. Allerdings kannte das ZGB nur drei Ordnungen. Verwandte der vierten oder höheren Ordnungen gingen leer aus; in diesem Fall erbte der Staat. Es galt das Repräsentationsprinzip. Das nichteheliche Kind war dem ehelichen auch nach dem Tode des Vaters gleichgestellt.

Deutlich besser war das gesetzliche Erbrecht des Ehegatten. Neben den Abkömmlingen des Erblassers erbte der Ehegatte zu gleichen Teilen, erhielt aber mindestens ein Viertel des

Nachlasses. Gab es keine Nachkommen, so erhielt der überlebende Ehegatte den Nachlaß allein. Außerdem stand dem überlebenden Ehegatten der „Voraus" in Form der zum ehelichen Haushalt gehörenden Gegenstände zu.

Der überlebende Partner einer nichtehelichen Lebensgemeinschaft hatte keinerlei gesetzliches Erbrecht.

Das Testament

Das eigenhändige Testament mußte handschriftlich verfaßt und vom Erblasser unterschrieben werden. Auch die Vorschriften für das gemeinschaftliche Testament entsprachen weitgehend dem BGB-Recht. Testamente konnten auch in Briefform verfaßt werden.

Für das notarielle Testament gab es zwei Möglichkeiten:

● Mündliche Erklärung des Testierenden, die der Notar anschließend zu Papier brachte oder
● Übergabe eines hand- oder maschinengeschriebenen Testaments an den Notar, der ein Protokoll anfertigte.

Durch Testament konnten Erbeinsetzung, Vermächtnis, Auflage, Teilungsordnung oder Testamentsvollstreckung angeordnet werden.

In allen Fällen Anspruch auf den *Pflichtteil* hatte nur der Ehegatte. Abkömmlinge und Eltern des Verstorbenen konnten einen Pflichtteil nur geltend machen, wenn der Verstorbene ihnen gegenüber zum Todeszeitpunkt unterhaltspflichtig war. Die *Haftung* der Erben beschränkte sich auf den Nachlaß. Grundstücke waren nur eingeschränkt vererbbar.

Besonderheiten für die neuen Länder

Die Vereinigung hat zahlreiche zusätzliche Rechtsprobleme mit sich gebracht, von denen hier nur einige angerissen werden können, zumal die Rechtsprechung „in Fluß" ist und viele Streitfragen erst noch geklärt werden müssen. Sachkundige Beratung ist dringend erforderlich.

● Hatte ein Erblasser, der in den alten Bundesländern wohnte, Grundbesitz in der ehemaligen DDR, den er aber in seinem Testament überhaupt nicht erwähnt hat, so ist eine Auslegung möglich, daß auch dieser Grundbesitz unter den Erben nachträglich aufgeteilt werden muß.

● Ein Pflichtteilsanspruch kann nachträglich zu korrigieren sein, wenn Vermögenswerte in den neuen Ländern, insbesondere Immobilien, wieder in Besitz genommen werden. Das gilt auch, wenn Immobilien durch die Restitution nach dem Vermögensgesetz jetzt zurückgegeben werden. Häufig werden diese Ansprüche aber verjährt sein.

● Oft haben Personen in der alten Bundesrepublik das Erbe in der ehemaligen DDR ausgeschlagen, auch wenn zum Nachlaß Immobilien gehörten, weil sie in der ehemaligen DDR nahezu wertlos waren. Heute wird versucht, die damalige Ausschlagung wegen Irrtums anzufechten. Zu prüfen ist zunächst, ob die Ausschlagung formgerecht erklärt worden ist. Soweit es sich um Immobilien handelte, konnte die Ausschlagung nur gegenüber einem Staatlichen Notariat der ehemaligen DDR wirksam erklärt werden. Ansonsten berechtigt der Irrtum über den Wert der Grundstücke nicht zur Anfechtung. Anders kann es sein, wenn der Ausschlagende keine Kenntnis davon hatte, daß zum Nachlaß auch Grundstücke in der ehemaligen DDR gehörten.

● Wer in der ehemaligen DDR gezwungen worden ist, vor seiner endgültigen Ausreise die Ausschlagung zu erklären, mußte die Anfechtung dieser Ausschlagung sofort äußern.

Wie gesagt: Das sind erste Urteile. Vieles läßt sich noch nicht abschließend beurteilen.

Schlußwort

Wie schon zu Beginn betont: Dieses Büchlein kann keinen vollständigen Überblick über unser Erbrecht, dem umfangreichsten Buch des Bürgerlichen Gesetzbuches, geben. Immerhin sollten Sie Ihre Situation jetzt aber einigermaßen richtig einschätzen können. Und auch darauf sei noch einmal hingewiesen: Komplizierte Einzelheiten kann nur ein Fachmann, dem Sie die Situation eingehend schildern, mit Ihnen erörtern und − hoffentlich − einer Lösung zuführen. Übrigens: Noch längst nicht jeder Rechtsanwalt kann Ihnen in solchen Fragen verläßliche Auskunft geben. Unsere Welt ist einfach zu kompliziert geworden, als daß einzelne sie ganz überschauen könnten. Nach wie vor schwierig ist es, einen Fachmann zu finden. Das Standesrecht der Rechtsanwälte verbietet es, daß ein Fachmann auf seine besonderen Kenntnisse im Erbrecht hinweist. Es gibt zum Beispiel keinen ,,Fachanwalt für Erbrecht". Allerdings ist das Standesrecht nach einer grundlegenden Entscheidung des Bundesverfassungsgerichts vor einigen Jahren in Bewegung geraten. Möglicherweise werden Rechtsanwälte in der Zukunft wenigstens darauf hinweisen dürfen, daß ein bestimmtes Rechtsgebiet, in unserem Falle das Erbrecht, von ihnen schwerpunktmäßig bearbeitet wird. Aber das ist augenblicklich noch Zukunftsmusik. Derzeit hilft im Zweifel allenfalls eine Nachfrage bei der nächsten Anwaltskammer. Dort gibt es im allgemeinen entsprechende Listen.

Schließlich: Denken Sie rechtzeitig daran und schieben Sie die notwendigen Schritte nicht immer von neuem auf! Sorgen Sie möglichst bald für Klarheit, was nach Ihrem Ableben mit Ihren Gütern geschehen soll. Sie ersparen vor allem Ihren Hinterbliebenen viel Kummer.

Mainz   *Herbert Bartsch*

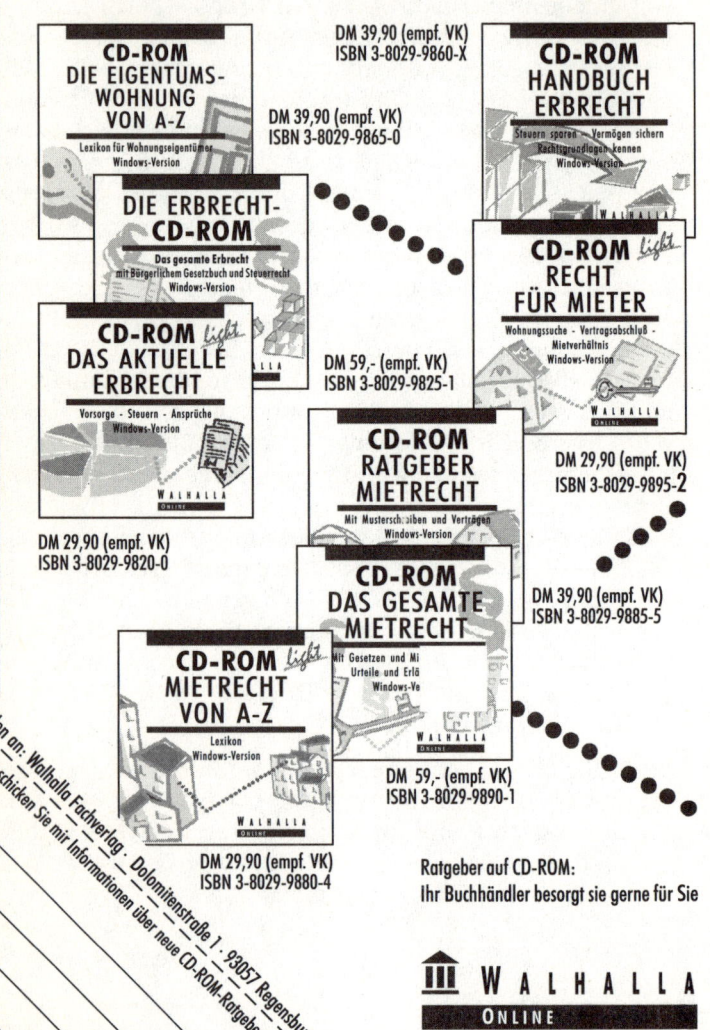